LA RADICALISATION VIOLENTE

Collection Criminologie
dirigée par Robert Cario

La criminologie apparaît comme un champ pluri et transdisciplinaire de connaissances, d'investigations, d'expertises et de traitement qui peine à être reconnu en France. Principalement mise en œuvre dans le domaine de la prévention, elle occupe également, au cas d'échec, une place prépondérante dans le procès pénal. Plus largement encore, la criminologie contribue à la restauration psychologique et sociale des protagonistes, dans l'endroit comme dans l'envers du crime.

Dans de nombreux pays, la discipline fait l'objet d'enseignements, de recherches et d'applications à la mesure de la complexité du phénomène criminel qui la nourrit. Dans d'autres encore, la profession de criminologue s'inscrit en totale harmonie avec les métiers de la justice, de la médecine, de la psychologie et du social.

La présente collection ambitionne de rassembler des ouvrages scientifiques et des travaux de terrain, appuyés tant sur les théories dominantes que sur les bonnes pratiques en agressologie ou victimologie, à l'intention de publics variés : étudiants, enseignants, chercheurs, magistrats, praticiens de toutes disciplines confrontés aux problématiques délinquantes, citoyens épris de justice.

Derniers ouvrages parus

Mireille Thibault, *Vieillesses meurtrières. Approche ethnologique,* 2023.
Angéline Artus, *Criminalité et troubles mentaux*, 2023.
Jean Motte dit Falisse et Franck Ludwiczak (dir.), *De la récidive et du pardon. À la croisée des chemins du destin*, 2021.
B. Van Liel, *Pour une anthropologie complexe du crime*, 2020.
Rolande Chazot et Franck Violet (dir.), *La souffrance en prison*, 2020.
S. Charbonneau, C. Rossi, *La médiation relationnelle. Rencontres de dialogue et justice réparatrice*, 2020.
Y. Gérin, *La clinique des agresseurs sexuels au défi du dispositif pénal*, 2020.
C. Trotter, *Le suivi des usagers involontaires. Probation, délinquance et protection des mineurs. Guide pratique – 3e édition*, 2018.
Sylvain Jacopin et Jean-Manuel Larralde, *Le droit de visite des personnes incarcérées*, 2018.
J. Motte dit Falisse (dir.), *Du sens de la peine*, 2018.
Groupe AEMO spécifique - ADSEA Puy-de-Dôme, *L'abus sexuel intrafamilial. L'approche spécifique d'une équipe d'Action Éducative en Milieu Ouvert*, 2016.
P.V. Tournier, *Naissance de la contrainte pénale. Sanctionner sans emprisonner. Volume 1 : Genèse - Volume 2 : Archives*, 2015.
P.V. Tournier, *Naissance de l'Observatoire de la récidive et de la désistance. Un long processus* inachevé, 2014.
J. Motte dit Falisse (Dir.), *De la faute et du crime. Natures et cultures*, 2014.

Sous la direction de
Sid Abdellaoui

LA RADICALISATION VIOLENTE

Regards croisés et nouvelles pistes d'analyse et d'intervention

Préface de Guillaume Monod

L'Harmattan

5-7, rue de l'Ecole-Polytechnique, 75005 Paris
http://www.editions-harmattan.fr
ISBN : 978-2-336-49603-0
EAN : 9782336496030

Je tiens à exprimer ma profonde gratitude à Maamar BEKAOUASSA, co-auteur de ce travail, dont le soutien et les précieuses mises en relation avec des professionnels de terrain ont pleinement contribué à la réalisation de ce manuscrit.

Je tiens également à remercier chaleureusement l'ensemble des co-auteurs, pour leur rigueur et leur sens du collectif. Chacun, qu'il soit chercheur ou praticien, par son regard, ses pratiques et ses méthodologies d'intervention, a enrichi cet ouvrage, apportant une profondeur et une diversité de perspectives qui reflètent la complexité des enjeux actuels.

Sid ABDELLAOUI

SOMMAIRE

PRÉFACE

Guillaume MONOD
Psychiatre, pédopsychiatre, docteur en philosophie
Directeur adjoint de Centre d'Études des Radicalisations
et de leurs Traitements (CERT, Université de Paris-Cité)
Membre associé du laboratoire Interdisciplinaire d'Étude
du Politique Hannah Arendt (LIPHA, Université Gustave-Eiffel)

Cet ouvrage sur la radicalisation violente est un ouvrage modeste par sa taille, mais précieux par sa conception. Il est le fruit de praticiens de terrain, qui ont cherché à prendre du recul sur leurs pratiques professionnelles pour mieux transmettre leurs savoirs. Les cas cliniques d'Isabelle, de madame D., de monsieur N. ne sont pas des illustrations justificatives de conceptions théoriques préconçues, ils se trouvent parmi les fondements d'un effort collectif de mise en forme théorique et pratique du phénomène de radicalisation.

Quelques points forts émergent de cet ouvrage. Tout d'abord, il est souligné à plusieurs reprises que la radicalisation est un processus distinct par essence de la criminalité. Elle est une quête spirituelle d'un statut, d'une identité, d'une cause à défendre, là où la criminalité n'est que la poursuite matérielle de l'appât du gain. La radicalisation est avant tout une idéologie de contestation, et l'assimiler à la délinquance ou à la pauvreté ne peut qu'aboutir à des confusions de genre, néfastes pour la compréhension, la prévention et la prise en charge des personnes concernées.

En particulier, il est montré que la conséquence d'une assimilation de la radicalisation à la criminalité conduit à concevoir le travail de repérage et de prévention comme un travail d'enquête policière, avec le risque d'aboutir à une prophétie autoréalisatrice, qui est de créer spontanément l'objet recherché. Différents regards croisés sur différentes institutions (policières, pénitentiaires, éducatives) et les analyses de leurs doctrines et textes de références (à l'échelle locale et nationale) permettent de mieux comprendre comment ces institutions interagissent avec leurs usagers, et donnent des pistes de travail pour éviter de tomber dans cet écueil.

Autre remise en cause nécessaire d'idées reçues, celles à l'encontre des clichés éculés sur les « classes laborieuses, classes dangereuses ». Les différentes études portant sur les profils sociologiques des jeunes aboutissent au résultat contre-intuitif que les mineurs les plus radicalisés ne sont pas issus des familles les plus déstructurées. Ce sont les classes moyennes qui fournissent les plus gros contingents des personnes radicalisées.

L'ouvrage s'intéresse à déconstruire certains mythes. Celui de la « radicalisation sur internet », en montrant qu'il ne s'agit pas d'un processus ésotérique et inédit, mais d'une dynamique qui s'apparente fortement aux stratégies de communication commerciales ; le vocabulaire technique permet de décrire et comprendre ces ressorts, et de construire des outils pour les contrer. Déconstruction également des éléments de langage de Daesh, qui sont contradictoires et n'ont de théologique que l'apparence, et qu'il est important de maîtriser pour accompagner aussi bien les personnes radicalisées que pour éduquer le grand public, tout aussi ignorant de ces questions.

À travers le parcours de certains jeunes sous main de Justice, la prise en charge en centre éducatif fermé est abordée comme pouvant produire des résultats encourageants lorsqu'elle s'inscrit principalement dans une stratégie favorisant le désengagement. Aussi, la question du retour du Djihad, en particulier celui des femmes et des enfants, est également traitée à la lumière de ce qui se joue d'un point de vue philosophique et moral et de celui de la responsabilité de l'État.

Face à ce phénomène nouveau de la radicalisation, les études proposent des outils originaux de réflexion. Outils historiques, avec l'exemple de l'engagement militant dans le combat de libération nationale de l'Algérie ; outils philosophiques, avec l'apport des concepts théoriques de Nietzsche et de Hegel. Autant de pistes pour poursuivre une réflexion sur ce phénomène encore trop chargé de préjugés et lieux communs.

Fruit du travail de terrain et des réflexions de professionnels aux parcours et aux intérêts très variés et complémentaires, ce *Précis* est un outil indispensable pour les professionnels qui sont et seront confrontés à la question de la radicalisation. Comme le phénix qui renaît encore et toujours de ses cendres, ce processus identitaire violent ressurgira inévitablement dans un avenir plus ou moins proche, avec d'autres habits, d'autres idéologies, mais encore et toujours les mêmes dynamiques et les mêmes écueils.

1

La criminologie à l'épreuve de la radicalisation violente

Sid ABDELLAOUI
Professeur de Psychologie
Université de Lorraine
Psychocriminologue
Expert auprès des Tribunaux
Chercheur au CERDAP2, Université Grenoble Alpes

Si la survenue d'un acte à caractère terroriste dans nos sociétés modernes produit un nombre incalculable d'effets dévastateurs et délétères, c'est aussi parce qu'il s'inscrit dans une forme d'imprévisibilité et d'imperceptibilité qui déstabilisent radicalement. Immédiatement après un événement de cette nature et quasi systématiquement, une grande majorité de l'opinion publique se trouve envahie par un sentiment d'impuissance et d'incompréhension. Ainsi, l'on retrouve souvent les mêmes expressions : « *Je ne comprends pas..., c'est impensable... comment cela est-ce possible, ... qu'est-ce qui leur passe par la tête..., pourquoi n'a-t-on rien fait pour l'éviter...* ». Elles traduisent à la fois un état de choc émotionnel souvent extrême et un fort besoin d'en connaître les ressorts à défaut de les contrôler. Les chaînes d'informations continues s'en saisissent et en viennent même à prolonger les retentissements. Des intervenants, se qualifiant parfois eux-mêmes de spécialistes ou criminologues, sont invités à tour de rôle et à longueur de journée et de soirée, à venir apporter un éclairage sans même avoir pleinement en possession l'essentiel des données du problème. Bien trop rarement, les apports des sciences humaines et sociales, qu'ils relèvent ou non du champ de la criminologie, se trouvent au cœur des argumentaires déployés. Au contraire, les interprétations hâtives souvent réductrices s'accommodent du jugement moral lequel tend parfois à entraver tout effort d'analyse pouvant conduire à la formulation d'hypothèses.

Le devoir d'objectivité salutaire

Si les actes sont indéniablement monstrueux et condamnables, la démonstration scientifique ne peut s'arranger avec la complexité du phénomène. Outre le risque d'empiéter sur les droits fondamentaux et la liberté d'expression, en laissant trop régulièrement place aux jugements moraux, on risque de négliger la recherche de solutions durables, basées sur une compréhension approfondie des causes de la radicalisation violente, des motivations et logiques des auteurs. Cela peut sensiblement entraver la capacité à élaborer des politiques efficaces de prévention et d'intervention. Les études et analyses dans ces domaines doivent être menées avec un haut degré d'objectivité pour garantir la crédibilité des observations et parvenir à la production de réponses, notamment en matière de politiques publiques qui soient les plus adaptées. Ainsi, on ne peut que difficilement nier le fait que de l'autre côté de la barrière, celui où se trouvent les auteurs de ces actes, le désir de défendre une vérité ou d'agir en conformité à une doctrine idéologique est tout aussi extrême. Comme nous avons pu le démontrer, ce désir masque un fort besoin de reconnaissance, en particulier dans un contexte sociomédiatique, économique et politique où se propagent des discours de dévalorisation, de rejet. La foi en un idéal, l'adhésion à un groupe à la fois structuré, déterminé et protecteur et l'espoir d'une rétribution, qu'elle soit symbolique (accéder au statut de martyr), matérielle (Obtenir une compensation matérielle ou la protection de sa famille) ou sociale (recevoir la reconnaissance sociale du groupe de référence) deviennent des parades visant à contrer une mise en péril de Soi, de son système de croyances ou d'appartenance, de sa quête d'identité. Se sentir violemment touché dans son rapport à ce qui constitue le dernier rempart existentiel, celui des valeurs malgré la réalité subjective qui les sous-tend, vient nourrir une dynamique de frustration, aux causes de diverse nature (Familiale, psychique, sociale, politique, idéologique, économique...). Tout ou partie de ces facteurs peuvent avoir un rôle précurseur de multiples formes de rébellion dans certains cas ou de résignation dans d'autres.

Au front, il y a les praticiens...

L'analyse du phénomène de la radicalisation violente exige l'examen approfondi des causes sous-jacentes à la radicalisation violente, cherchant à dénouer les fils complexes qui tissent la trame de ce phénomène dérangeant. Les praticiens de terrain au même titre que les chercheurs qui vont au contact des réalités sensibles, sont une source précieuse de données d'observations, d'expériences et d'actions. Par leur immersion directe et régulière, ils sont souvent fort bien placés pour contribuer à révéler les multiples situations et facteurs qui peuvent conduire à la radicalisation. Les analyses, tout comme les réponses apportées, n'en sont pas pour autant toujours exhaustives ou adaptées. Des dynamiques sociales et économiques défavorables aux chocs culturels, des sentiments de marginalisation à l'influence d'idéologies extrémistes, il convient d'explorer les nuances de chaque dimension contribuant à cette réalité troublante qu'est le terrorisme aux contours difficilement saisissables par les non spécialistes (Abdellaoui, 2015, 2016). Néanmoins, en retour de leurs apports, les professionnels directement confrontés gagneraient à disposer des concepts clés et des outils d'analyse leur permettant de penser leurs stratégies et de concevoir les actions susceptibles d'accéder à leurs objectifs, qu'elles soient d'ordre éducatif, social, matériel, sanitaire ou sécuritaire. En scrutant les racines profondes de la radicalisation, cet ouvrage peut en constituer une bonne illustration en aspirant à fournir une compréhension approfondie qui transcende les simplifications, ouvrant ainsi la voie à des interventions plus informées et efficaces. En somme, il s'agit d'une exploration souvent audacieuse des causes, des logiques et des acteurs de la radicalisation violente, ancrée dans la conviction que seule une analyse rigoureuse intégrant les savoirs issus des différents angles, peut ouvrir la porte à des solutions durables.

À la croisée des savoirs... pour une juste perception du réel

C'est donc à l'intersection de l'ensemble de ces savoirs et pistes de réflexion vers lequel la recherche sur un tel phénomène gagnerait à tendre. À la lecture des différents chapitres, il ressort assez franchement que la radicalisation violente n'est pas exclusivement considérée comme devant relever davantage du domaine de la sécurité nationale, des études sur le terrorisme ou des relations internationales. Dans le domaine complexe de la criminologie, il devient impératif de reconnaître que la compréhension rigoureuse de la radicalisation violente ne peut émerger que de l'exploration directe sur le terrain et qui favorise le croisement de regards et de méthodologies. L'articulation entre théorie et pratique et la confrontation au réel peut conduire à de fortes remises en question voire à de coûteuses désillusions. Par exemple, on peut évoquer les critiques formulées à l'encontre du programme PREVENT au Royaume-Uni, initié en 2003 pour lutter contre le terrorisme et l'extrémisme. Il a maintes fois été critiqué pour son approche et ses pratiques parfois stigmatisantes, soulignant depuis la nécessité de comprendre les contextes locaux et de s'adapter aux nuances spécifiques des communautés pour une prévention plus efficace. Le respect des droits fondamentaux et la production d'un climat de confiance, tant envers les praticiens et les chercheurs qu'envers les autorités figurent parmi les conditions incontournables pour tendre vers l'efficacité d'un programme de prévention.

Bien que les théories et les analyses puissent offrir des perspectives éclairantes, la véritable essence de ce phénomène multifacette ne se révèle qu'au travers de l'immersion dans les réalités concrètes qui par nature sont à la fois plurielles et complexes. Plus largement, plusieurs chercheurs spécialistes des radicalités violentes, en France ou à l'étranger, parmi lesquels Gérald Bronner, Olivier Roy, Scott Atran, Farad Khosrokhavar ou Peter Neumann, se sont interrogés sur le point de savoir si la recherche en sciences humaines, sociales et cognitives pouvait réellement contribuer à poser les bonnes questions pour aider à lutter contre le terrorisme. Pour exemple, les travaux menés par l'anthropologue et psychologue Scott Atran mettent en lumière l'importance de la recherche sur le terrain pour comprendre les motivations et les dynamiques des individus radicalisés face à un phénomène complexe et dont les profils des auteurs sont parfois aussi divers qu'insaisissables (2011, 2018). Aussi, les mouvements radicaux évoluent rapidement, adaptant leurs tactiques en réponse aux changements politiques, sociaux et technologiques. Les chercheurs, sur le terrain, peuvent détecter ces évolutions en temps réel, permettant une adaptation proactive des stratégies de prévention. Ainsi, en embrassant cette approche directe tout en restant fidèle aux principes de la démonstration scientifique, il s'avère essentiel d'interroger certaines certitudes, plus simplistes et confortables les unes que les autres. Au contraire, l'humilité et la rigueur d'analyse nous commandent de parvenir à dévoiler les nuances souvent méconnues qui échappent aux analyses superficielles, afin de mieux comprendre et, éventuellement, atténuer les forces qui conduisent à ce phénomène alarmant.

Éviter les dérives interprétatives : une règle absolue

La partialité du regard, l'insuffisance de données, l'endoctrinement de l'esprit, l'entre soi ou le refus du débat sont autant de facteurs d'égarement scientifique. Dans une publication antérieure, nous avions démontré à quels points les théories naïves de la personnalité et autres mécanismes de distorsions cognitives peuvent avoir une influence déterminante sur le déroulement du procès pénal (Abdellaoui & Niang, 2022). Cette tendance à privilégier l'observable doit nous interroger continuellement. Au siècle dernier, aux balbutiements des sciences humaines et sociales, Karl Popper, philosophe des sciences autrichien, dans son ouvrage "La Logique de la découverte scientifique" (1934) aborde la falsifiabilité comme critère de scientificité, discutant ainsi des limites de l'observation. De fait, c'est probablement la confrontation au tropisme de la normativité des cadres de référence qui nous commande le plus de vigilance. Ainsi, on peut citer le sociologue britannique, Stan Cohen qui a joué un rôle majeur dans le développement de la criminologie critique. Dans l'un de ses premiers ouvrages (1972), le chercheur avait déjà alerté dans les années 70, la communauté scientifique après avoir exploré comment les médias et les institutions contribuent à la création de déviants sociaux. Par la suite, inspiré par les travaux du sociologue Howard Becker (1963) qui défend l'idée selon laquelle la déviance n'est en rien intrinsèque à l'individu mais le résultat d'un processus social, le criminologue américain Richard Quinney (1974), a développé la notion de "labeling theory" (Théorie de l'étiquetage) mettant l'accent sur la manière dont les individus sont étiquetés comme criminels. Comment le chercheur et le praticien peuvent-ils ne pas se préoccuper des risques de prophéties auto-réalisatrices conduisant l'individu étiqueté comme radicalisé à internaliser cette image, influençant ainsi son comportement futur. Cette théorie est sans doute l'une des plus probantes en matière criminologique. Elle a également contribué à remettre en question les pratiques de justice pénale traditionnelles, mettant ainsi en évidence les conséquences négatives de l'étiquetage sur le parcours des individus et leur réhabilitation.

Le renseignement peut être aussi bien à vocation sécuritaire que scientifique. En effet, si le recueil et le savoir empiriques émanant du terrain seront toujours une matière incontournable pour avancer dans la compréhension, leur exploitation ne peut s'envisager utilement sans l'affirmation et la référence à un cadre scientifique qui place le principe de complexité au cœur de sa vocation. Le respect de la complexité, le questionnement des certitudes, la recherche constante de validation et la posture d'humilité constituent nul doute les vecteurs d'analyse et de compréhension plus efficaces.

Vers une criminologie évolutive

Les chercheurs travaillant sur la radicalisation ont souvent développé des cadres théoriques spécifiques pour comprendre les processus qui conduisent à la radicalisation, souvent en intégrant des perspectives de psychologie sociale ou clinique, de sociologie de la déviance, de psychiatrie et de sciences politiques sur le terrorisme. Ces cadres conceptuels et méthodologiques peuvent ne pas être directement alignés avec les exigences d'une criminologie moderne et respectueuse de la complexité du phénomène. Le criminologue américain, Larry J. Siegel, affirme en substance qu'une criminologie moderne se doit d'évoluer avec les défis contemporains, s'adapter aux nuances et aux transformations rapides de la société (2012). Si la terminologie elle-même peut créer des barrières et contribuer à renforcer le clivage entre chercheurs bien que partageant des principes et intérêts communs, il n'en reste pas moins que la radicalisation constitue un objet frontière à part entière. C'est bien en cela que la criminologie peut se rendre incontournable et socialement utile, pourvu que ceux qui s'en réclament sachent également se renouveler, se nourrir de tous les savoirs disponibles et actualisés et de s'inscrire sans restriction dans le souci permanent de la validation des méthodes et savoirs.

Finalement, l'étude de la radicalisation violente, des ressorts à la fois observables et non directement observables ne peut se passer d'une criminologie volontariste qui trouverait son inspiration dans une dynamique de confrontation et d'articulations pluri et interdisciplinaires. Face à la menace quasi permanente d'attentats, il serait irresponsable d'éviter de passer à une approche plus complète et nuancée de la compréhension et de la résolution des problématiques liées à la radicalisation violente, en tirant parti des forces de différentes disciplines pour traiter la complexité inhérente à ces questions. Cette orientation de la recherche et de l'analyse empirique ne peut que contribuer à promouvoir une approche à la fois holistique et humaniste. En se basant prioritairement sur la recherche d'une fine compréhension de ce qui se joue à tous les niveaux, explicites et implicites, normatifs et contre-normatifs, du processus mis en jeu, elle défie sans cesse tout modèle de référence qui participe au contrôle social et à la reproduction des rapports et des conduites sociales.

2

La « radicalisation » : définitions et cadrages au sein des politiques publiques françaises de prévention

Bruno DOMINGO
Maître de Conférences en Science Politique
Université Toulouse 1 Capitole
Institut du Droit de l'Espace, des Territoires,
de la Culture et de la Communication (IDETCOM).

En France, la « prévention de la radicalisation » est devenue un nouveau champ d'action publique au cours de la dernière décennie. Confrontés à une menace terroriste pressante (notamment à la suite des attentats de Charlie Hebdo du 7 janvier 2015 et de ceux de Paris du 13 novembre 2015, et à l'assassinat de Samuel Paty le 16 novembre 2020), mais aussi à de nouvelles problématiques (certains diraient des « nouveaux profils », tels que celui de jeunes mineurs, de femmes ou encore de néo-convertis à l'islamisme violent), les gouvernements successifs ont progressivement mis en place une architecture complexe de lois, décrets, circulaires, de dispositifs et de financements divers, déployés tant à l'échelle nationale que locale, dont l'objectif est de mieux prévenir « la radicalisation » des individus pouvant conduire à un passage à l'acte violent, voire à la mobilisation du terrorisme comme stratégie d'action.

Notre contribution, très synthétique, revient sur les grands moments de structuration de cette politique publique émergente de « prévention », en essayant de montrer la difficulté pour cadrer précisément cette notion de « radicalisation ». Elle aborde ainsi les évolutions des cadrages mis en place par les autorités publiques en matière d'action préventive (les dimensions strictement répressives ne seront pas abordées) de la radicalisation et la diversité des objectifs et moyens qu'elle a progressivement tendu à englober au cours des dernières années, conduisant à la formulation progressive d'une « prévention de la radicalisation » *à la française*.

L'émergence d'une politique publique de prévention de la radicalisation : détecter, signaler et prendre en charge

La forte pression du contexte sécuritaire, en lien avec les attentats terroristes, notamment entre 2014 et 2016, a conduit les autorités gouvernementales à mettre progressivement en place une série de dispositions non plus strictement liées à la prévention et à la lutte contre « le terrorisme » en tant que tel, mais aussi – plus précisément – destinées à prévenir, à lutter, voire à prendre en charge « la radicalisation » (Sèze, 2019 ; Ducol, 2019 ; Domingo, 2021). Bien qu'étroitement liée au terrorisme, la « radicalisation » reste pourtant sans définition juridique précise sur le plan pénal (la notion, sans aucun doute trop floue, n'apparaît pas dans le Code pénal en tant qu'infraction spécifique). Sur le plan de l'explication du phénomène, les approches théoriques mobilisables sont également nombreuses pour fonder leurs compréhension et facteurs d'explication (Crettiez, 2016 ; Crettiez et Duclos, 2021), sans d'ailleurs faire systématiquement consensus (Ferret et Khosrokhavar, 2017).

Pour autant, les autorités publiques n'en ont pas moins constitué la « radicalisation » en tant qu'objet de l'action publique, avec l'ambition de prévenir et de lutter contre ce phénomène. Ainsi, cette terminologie – importée du monde anglo-saxon – a été diffusée dans les diverses notes et instructions à destination des services de l'État ou des collectivités territoriales. Ne disposant pas d'une définition institutionnelle précise, notamment sur le plan juridique, c'est souvent la définition du sociologue Farhad Khosrokhavar, issue de son ouvrage *Radicalisation* (2014), qui a été le plus souvent mobilisée pour circonscrire le phénomène : un *« processus par lequel un individu ou un groupe adopte une forme violente d'action, directement liée à une idéologie extrémiste à contenu politique, social ou religieux qui conteste l'ordre établi sur le plan politique, social ou culturel ».* Cette définition sociologique est centrée sur la mise en œuvre de la violence à partir d'un prisme idéologique extrémiste. Elle sera mobilisée dans la plupart des circulaires et documents cadres qui seront adoptés à partir de 2014. Plutôt qu'une définition stricte, le ministère de l'Intérieur indiquait ainsi que le phénomène est établi dès lors que trois caractéristiques sont réunies à savoir : un processus progressif ; une adhésion à une idéologie extrémiste ; une adoption de la violence.

Si la « radicalisation » n'a pas fait son entrée dans le Code pénal en tant qu'infraction identifiable, cette terminologie va néanmoins progressivement faire son apparition dans différents codes tels que le code de la sécurité intérieure, le code de procédure pénale (pour définir la procédure de placement et le régime de détention des personnes incarcérées en « quartier de prise en charge de la radicalisation »), dans le code du sport (avec l'intégration de formations à la détection des phénomènes de radicalisation pour les professionnels du champ sportif), dans le code de la santé publique (par exemple en lien avec les enjeux de prise en charge psychiatrique), ou encore dans celui de l'éducation (organisation par les instituts nationaux supérieurs du professorat et de l'éducation de « sensibilisations à la prévention de la radicalisation »).

Le pilotage de cette nouvelle politique publique a été confié au Secrétariat général du Comité Interministériel de Prévention de la Délinquance (SGCIPD), organe gouvernemental en charge de la définition et de l'animation de la politique nationale de prévention de la délinquance, mais aussi de son financement. D'ailleurs celui-ci sera rebaptisé en 2016 en tant que Secrétariat Général de Prévention de la Délinquance et de la Radicalisation (SGCIPD-R) et l'instrument financier qu'il mobilise en tant que Fonds Interministériel de Prévention de la Délinquance et de la Radicalisation (FIPD-R). La radicalisation s'inscrit donc désormais, dans le champ des politiques publiques en articulation étroite avec la « prévention de la délinquance ».

Parallèlement, et parmi la multitude des mesures et textes adoptés, on retiendra notamment le Plan d'Action contre la Radicalisation et le Terrorisme (PART) du 9 mai 2016. Celui-ci, de nature stratégique, combine dans le même document des objectifs fortement répressifs visant à lutter contre le terrorisme et des mesures plus « soft », justement centrées sur la prévention en amont du phénomène. Ces deux registres seront en revanche explicitement distingués à partir de 2018 avec l'adoption de deux documents strictement séparés : le Plan national de prévention de la radicalisation » (PNPR) du 23 février 2018 et le Plan d'action contre le terrorisme (PACT) du 13 juillet 2018.

Au niveau territorial, ce sont les préfets de département qui ont été chargés d'animer cette politique de prévention. À partir de 2014, ces derniers ont été enjoints par les autorités centrales à mettre en place des CPRAF (Cellules de Prévention de la Radicalisation et d'Accompagnement des Familles). Il s'agissait de mobiliser autour d'une réunion périodique, se tenant en Préfecture, un ensemble de partenaires choisis (services de police, services sociaux, services de l'aide sociale à l'enfance, services sanitaires, municipalités au besoin, etc.) pouvant agir en « prévention » (donc avant que ne s'établisse une « bascule » violente ou terroriste), à partir de cas signalés au niveau national ou territorial et suivis au niveau départemental. En outre, les préfets ont pu mettre en place, le plus souvent via le secteur associatif, des sessions de sensibilisation ou de formation et financer diverses actions de prévention primaire (ex : théâtres forum, plaquettes de sensibilisation, instruments de contre-discours, etc.).

Ces objectifs de prévention de la radicalisation ont également progressivement été intégrés dans les documents cadres des Contrats de ville d'une part et dans ceux des Conseils Locaux ou Intercommunaux de Sécurité et de Prévention de la Délinquance (CLSPD et CISPD) d'autre part. Ces derniers ont également été rebaptisés en CLSPD-R et CISPD-R, et relèvent principalement des collectivités territoriales. Néanmoins, bien que l'on assiste à une forme apparente de décentralisation en la matière, le pilotage général de la prévention de la radicalisation demeure sous la supervision étroite des préfets, qui réunissent également, parallèlement à la CPRAF, une cellule de coordination des administrations en charge d'évaluer les individus sur un plan davantage sécuritaire : le GED (Groupe d'Évaluation Départemental). Cette dernière instance est ainsi notamment composée des différents services de police et de gendarmerie, notamment les services de renseignement (Direction Générale de la Sécurité Intérieure ou DGSI, Renseignement Territorial ou RT) et de certains services du ministère de la Justice (procureur de la République, services pénitentiaires, etc.). Les Conseils départementaux, après quelques ajustements, se sont assez rapidement inscrits dans les CPRAF, car leurs compétences recoupaient souvent un travail déjà mis en œuvre par ces derniers dans le cadre de l'aide aux familles et de leur mission d'Aide Sociale à l'Enfance (ASE). En revanche, les maires et présidents d'intercommunalités ont souvent été associés de manière plus sélective à ces nouveaux dispositifs. Devant la protestation de certains élus, notamment de certains maires, pestant contre le manque d'information de la part des services de l'État, le gouvernement a ainsi progressivement élargi (mais avec de fortes contraintes) l'accès à certaines informations pour ces derniers (via l'instruction relative à la mise en œuvre d'un dialogue renforcé entre l'État et les maires dans le domaine de la radicalisation violente - INTK1826096J - du 13 novembre 2018). Néanmoins, lorsque les situations évoquées relèvent d'un suivi sécuritaire faisant état d'une certaine forme de dangerosité, d'une menace terroriste potentielle, l'échange d'information se voit réduit à portion (très) congrue.

Les intervenants sociaux ont parfois reçu avec une certaine circonspection cet ensemble de dispositifs. La période 2014-2019 s'est ainsi principalement centrée sur des logiques de détection et de signalement des situations de (potentielle) radicalisation, avec l'ambition de prévenir le départ d'individus vers le théâtre de guerre irako-syrien et des groupes tels qu'Al-Qaida et l'État islamique. Ces dispositifs de détection et de signalement ont pu faire surgir de nombreux questionnements éthiques ou juridiques sur le secret professionnel et l'encadrement à donner à d'éventuelles nouvelles pratiques incitant au partage d'information entre services préfectoraux et services sociaux. La question du repérage a notamment fait émerger de nombreux débats, avec parfois des difficultés à comprendre les contours exacts de la terminologie souvent floue de « radicalisation » qui pouvait être définie de façon plus ou moins large ou étroite, à partir d'une série d'indicateurs susceptibles de mauvais usages et d'interprétations erronées. Les professionnels ont sans doute parfois eu le sentiment de n'être pas tout à fait outillés sur ce nouveau domaine, voire parfois d'être instrumentalisés. Si certaines situations ont laissé clairement apparaître une mise en danger des individus suivis (car clairement embrigadés dans des filières terroristes identifiées), d'autres cas d'espèce ont été plus délicats à qualifier à la fois sur le plan professionnel et juridique (notamment s'agissant du jugement professionnel à porter sur des pratiques religieuses plus ou moins rigoristes identifiables chez nombre de jeunes). La période a souvent été marquée par une certaine difficulté à se saisir de la thématique au niveau local même si la gestion de certaines situations urgentes de mineurs ou de familles cherchant à rejoindre le territoire irako-syrien a indubitablement permis de mettre à l'épreuve les savoirs professionnels et d'expérimenter de nouveaux types de décloisonnement.

La nouvelle stratégie nationale de prévention de la délinquance 2020-2024 : une banalisation de la prévention de la radicalisation ?

La nouvelle Stratégie nationale de prévention de la délinquance (SNPD) 2020-2024 succède aux précédentes qui n'intégraient pas la question de la radicalisation dans leurs objectifs. Elle a d'ailleurs été présentée avec un grand retard par le gouvernement puisqu'elle était attendue depuis 2017, date de clôture de la précédente stratégie nationale qui couvrait la période 2013-2017. Ce flottement dans la continuité des objectifs stratégiques en matière de prévention de la délinquance est indubitablement lié à la montée en puissance de la thématique de la radicalisation qui a fait l'objet, quant à elle, d'une formalisation précise avec l'adoption d'un Plan National de Prévention de la Radicalisation (PNPR – « Prévenir pour protéger ») le 23 février 2018 à Lille, en présence du Premier ministre Édouard Philippe. Ce PNPR est organisé autour de 5 axes (1. Prémunir les esprits face à la radicalisation ; 2. Compléter le maillage détection / prévention ; 3. Comprendre et anticiper l'évolution de la radicalisation ; 4. Professionnaliser les acteurs locaux et évaluer les pratiques ; 5. Adapter le désengagement) et de 60 mesures intégrant à la fois les niveaux de prévention primaire, secondaire et tertiaire. Ainsi, les mesures couvrent tout autant la nécessité de sensibiliser les publics juvéniles, que de renforcer les dispositifs de détection et de prise en charge des publics en voie de radicalisation, mais aussi d'envisager le recours à des stratégies de sortie de la violence et de réinsertion sociale au niveau tertiaire.

On peut ainsi affirmer que la mise sur agenda de la prévention de la radicalisation a induit une forme de priorisation des objectifs autour de cet enjeu au cours de période en question (2017-2020), mettant en sommeil les problématiques plus traditionnelles de « prévention de la délinquance » (centrées sur les questions de violences intrafamiliales, de violences faites aux femmes, de sécurité et de tranquillité publiques). L'actualisation des objectifs du PNPR au cours de la réunion du Conseil Interministériel de Prévention de la Délinquance et de la Radicalisation (CIPDR) du 11 avril 2019 à Strasbourg laissait néanmoins entrevoir la volonté gouvernementale de faire converger les deux champs d'action. Ce sont alors en effet quatre nouveaux axes qui ont été intégrés au PNPR, à savoir : 1/ Intensifier le travail de prévention et de désengagement en milieu pénitentiaire ; 2/ Intégrer la prévention de la radicalisation dans la prévention de la délinquance ; 3/ Intégrer la prévention de la radicalisation dans la prévention de la pauvreté ; 4/ Intégrer la prévention de la radicalisation dans le service national universel. Ces 4 nouveaux axes soulignent la prise en compte du croisement des phénomènes de radicalisation avec ceux plus généraux du travail social et de la prévention de la délinquance.

S'agissant de l'objectif d'intégration de la prévention de la radicalisation au sein de la politique publique de prévention de la délinquance, comment s'est-il concrétisé ? La nouvelle Stratégie nationale de prévention de la délinquance 2020-2024, rendue publique au mois de mars 2010, s'appuie sur la détermination de 40 mesures organisées autour de 4 grands axes. Elle intègre une série d'objectifs en matière de prévention de la radicalisation, mais sans néanmoins faire de cette dernière un axe central et prépondérant. Au contraire, cet enjeu est très clairement intégré au sein d'une série d'autres mesures jugées tout aussi prioritaires. Ainsi, il est possible de constater que la nouvelle stratégie consacre la mesure n°3 de son axe 1 à la nécessité de « cibler les nouvelles formes de délinquance et le risque de radicalisation ». Dans ce cadre général, qui vise à intervenir précocement dans les trajectoires individuelles et à mettre en œuvre des actions de sensibilisation en direction des plus jeunes, la question de la radicalisation ne fait pas l'objet d'une priorisation particulière : elle est mise dans un rapport d'équivalence avec d'autres phénomènes de délinquance, avec d'autres risques, auxquels peuvent être exposés les publics jeunes (trafic de stupéfiants, cyber délinquance, proxénétisme et michetonnage, etc.). La thématique de la radicalisation est en outre intégrée dans une réflexion plus globale sur les risques « cyber », laissant penser que les enjeux se situent désormais dans la mise en œuvre d'actions de sensibilisation en matière de prévention des risques liés à l'usage des nouvelles technologies et d'internet, notamment en ce qui concerne le « *développement de la pensée extrême et la diffusion de la radicalisation violente* ».

La question de la prise en charge de la radicalisation est, quant à elle, intégrée dans des outils préexistants de traitement des situations individuelles en matière de prévention secondaire de la délinquance au niveau local. Par exemple, la fiche n°5 de la Stratégie nationale de prévention de la délinquance 2020-2024, relative au Conseil pour les droits et devoirs des familles, se donne pour objectif de « *permettre au maire d'intervenir en direction des familles, d'améliorer le repérage des jeunes en risque de basculement dans la délinquance, voire dans la radicalisation* ».

Mis à part ce point, la prévention de la radicalisation est évoquée dans la remobilisation de certaines instances de gouvernance, notamment le Conseil départemental de prévention de la délinquance (et désormais) *et de la radicalisation.* Mais la SNPD 2020-2024 n'indique pas clairement si la prévention de la radicalisation doit faire l'objet d'un traitement particulier, ce qui, au regard de la très forte mobilisation des dernières années, marque un véritable changement. De ce point de vue, la nouvelle SNPD *normalise* cet enjeu de la « radicalisation » : s'il ne disparaît pas de l'agenda politique et institutionnel, il est néanmoins ramené à une place beaucoup plus modeste, alors qu'il avait littéralement envahi l'espace de la réflexion institutionnelle entre 2014 et 2020. Ainsi, dans ce cadre, on assiste à une convergence des politiques traditionnelles de prévention de la délinquance avec celles de la prévention de la radicalisation.

Extension du domaine de la radicalisation ? La lutte contre l'islamisme et le séparatisme

Néanmoins, il convient d'observer attentivement comment va évoluer, dans les années à venir, le cadrage de cette politique publique de prévention de la radicalisation. L'une des hypothèses est ainsi qu'elle s'hybride fortement - allant jusqu'à fusionner progressivement - dans le cadre d'une politique plus générale de prévention de la délinquance ou d'action sociale. Néanmoins, à moyen terme, il apparaît que cette hypothèse n'est pas totalement confirmée. Alors que la période 2014-2018 a été principalement centrée autour du triptyque « détection – signalement – prise en charge », la séquence qui s'est amorcée avec le Plan National de Prévention de la Radicalisation du 23 février 2018 a élargi l'agenda et les objectifs en cherchant notamment à lutter contre divers phénomènes considérés comme constituant des causes plus profondes, donc impliquant des modes d'intervention situés davantage en amont, des processus (ex : la propagande en ligne, la scolarisation dans des établissements scolaires non homologués par l'État, l'influence de lieux de cultes radicaux, etc.). Si bien que la politique de prévention de la radicalisation ne semble pas, en tout cas à moyen terme, être considérée comme totalement soluble dans une politique plus générale de prévention de la délinquance (telle que semblait pourtant le poser la nouvelle stratégie nationale de prévention de la délinquance 2020-2024). Un indice est donné par la circulaire cadre INTA2006736C du 5 mars 2020 pour la déclinaison territoriale des politiques de prévention de la délinquance et de prévention de la radicalisation pour les années 2020 à 2022. Celle-ci souligne que « *des interactions entre les politiques de prévention doivent être recherchées et des continuums d'actions en matière de prévention de la délinquance et de la radicalisation doivent être développés* ». Si les deux politiques sont proches et financées au moyen du même instrument (le FIPD-R), elles demeurent donc néanmoins toujours distinctes (bien qu'interreliées et pensées en termes de « *continuum* »).

Outre la prévention de la délinquance et celle de la radicalisation, la même circulaire intègre désormais « *la lutte contre l'islamisme et le repli communautaire* » en tant qu'objectif spécifique. Ce nouveau cadrage résulte notamment d'un séminaire organisé le 28 novembre 2019 par le ministre de l'Intérieur, Christophe Castaner, réunissant les préfets ainsi qu'un certain nombre de ministres. Il s'agissait de sensibiliser les préfets à la lutte contre le « *projet politique antidémocratique et antirépublicain* » que constitue l'islamisme. Cette réunion a été suivie de la diffusion d'une circulaire, remise aux préfets, intitulée « *Lutte contre l'islamisme et les différentes atteintes aux principes républicains* ». Les préfets sont désormais appelés à agir avec « *détermination* » contre ces phénomènes, le ministre de l'Intérieur leur demandant notamment de mettre en place « *une cellule départementale* ». Installées dans chaque département, ces cellules prendront le nom de « Cellules de Lutte contre l'Islamisme Radical » (CLIR) et seront généralisées sur le territoire national.

Ce cadrage s'appuie ainsi sur un nouveau référentiel : celui de l'existence d'une continuité, sinon d'une causalité établie, entre d'une part les différentes formes de religiosités jugées radicales dans le champ islamique au niveau territorial et, d'autre part, la socialisation (voire le passage à l'acte) djihadiste. Il a été renforcé par une autre circulaire, produite par le ministère de la Justice, en date du 10 janvier 2020, « *relative à la protection de la laïcité et à la lutte contre la radicalisation et le communautarisme* ». Enfin, il a été validé dans un discours du Président de la République Emmanuel Macron, à Mulhouse, le 18 février 2020, dans lequel celui-ci identifiait quatre axes stratégiques pour lutter contre le « *séparatisme islamiste* » : « lutter contre l'influence étrangère » ; « mieux organiser le culte musulman en France » ; « lutter avec détermination contre toute manifestation de séparatisme islamiste » et « pouvoir partout ramener la République là où elle a un peu démissionné ». Cette perspective qui vise désormais explicitement l'« islamisme » (et non plus seulement « la radicalisation » de façon plus ou moins précise) a été encore réaffirmée lors du discours du Président de la République du 2 octobre 2020 aux Mureaux (Yvelines). Ont alors été présentés les différents axes d'une nouvelle stratégie, dite « *La République en actes* », dont l'objet est en même temps de lutter contre les différentes formes de « *séparatisme* » (c'est ce terme qui s'est progressivement imposé dans le débat public après celui de « *communautarisme* », finalement abandonné par les pouvoirs publics), tout en essayant de promouvoir un certain nombre de mesures sociales d'intégration plus traditionnelles visant à permettre l'émancipation des individus.

On retrouve ici, reformulée, une forme de matrice très française de la construction de la citoyenneté, une sorte de programmatique républicaine, faisant de l'État le socle et le garant de l'égalité et de la liberté, au moyen, si nécessaire, de l'adoption de mesures d'encadrement de la société et de ses groupes (notamment religieux). Cette stratégie « La République en actes » s'organise dès lors autour de 6 axes prioritaires : la neutralité du service public ; les associations ; assurer la dignité et l'égalité de tous ; l'école ; la structuration de l'islam en France ; la démonstration d'une République qui tient ses promesses d'égalité des chances et d'émancipation. Cette dynamique politique va être renforcée et trouver un prolongement législatif par l'adoption de la loi n° 2021-1109 du 24 août 2021 *confortant le respect des principes de la République*. Ce texte, particulièrement dense, vient poser un nouveau cadre relativement contraignant visant notamment à diffuser le principe de neutralité (associé au référentiel plus large de « laïcité » abordé dans une perspective régulatrice) pour tous les prestataires publics et privés intervenant dans la réalisation des missions de service public, un plus grand encadrement des financements des cultes, la mise en place de « référents laïcité » dans les administrations publiques, l'obligation pour les associations qui reçoivent des subventions publiques de signer un « contrat d'engagement républicain », notamment.

Évolutions du référentiel initial : la radicalisation comme rupture en termes de valeurs et légitimation de la violence

Ces évolutions ont conduit aujourd'hui le CIPDR à proposer une nouvelle définition de la « radicalisation ». Sur son site internet, on peut ainsi lire en mars 2022 : « *Qu'entend-on par « radicalisation » ?* **:** *La radicalisation est un processus de rupture sociale, morale et culturelle avec les valeurs de la République qui conduit un individu à adopter une nouvelle lecture de la société, de nouveaux habitus, de nouveaux comportements, remettant en cause les fondements du pacte social et légitimant le recours à la violence. Reposant sur le conspirationnisme ainsi qu'une vision victimaire, ce processus s'inscrit dans une idéologie visant à rompre avec l'ordre social ».*

La radicalisation est désormais définie dans un rapport plus étroit et direct avec les formes de « rupture » avec les « valeurs de la République » ainsi que, conjointement, par la « légitimation de la violence ». On constate désormais la formulation d'une définition institutionnelle plus élaborée, même si cette dernière ne dispose toujours pas de base juridique explicite. Celle-ci tend à préciser la focale et à faire de la radicalisation une forme de rupture « sociale » mais aussi désormais « morale » et même « culturelle », remettant en cause les « fondements du pacte social », voire de l'« ordre social », à partir d'une matrice idéologique. En outre, ce n'est plus la mise en œuvre de la violence, mais désormais sa simple « légitimation » qui est prise en considération, ce qui marque une forme d'élargissement du champ définitionnel par rapport à celui qui avait été esquissé à partir de 2014, davantage centré sur le passage à l'acte pré-terroriste. On peut analyser ces évolutions et modulations comme résultant d'une transformation des contextes : la réponse (sécuritaire et préventive) aux attentats s'est progressivement organisée en France, permettant de canaliser progressivement la menace dite « exogène » sur le théâtre irako-syrien et le départ de « combattants étrangers » français, tout en laissant désormais davantage de place à un référentiel faisant de la « radicalisation » une menace davantage « endogène ». La radicalisation est ainsi appréhendée davantage sous la forme d'un processus qui transgresse un système de valeurs (les « valeurs républicaines »), c'est-à-dire un ensemble de normes exposées en tant que système social et culturel (ex : l'égalité homme-femme ; la démocratie ; la légitimité des autorités républicaines, etc.), accompagné de formes de légitimation de la violence.

De même, est également proposée par le CIPDR une définition de la « prévention de la radicalisation » : « *Qu'entend-on par « prévention de la radicalisation » ? Il s'agit de l'ensemble des actions à destination d'un public considéré comme vulnérable permettant d'éviter l'engagement dans un processus évoluant vers la radicalisation. La prévention de la radicalisation comprend un axe de sensibilisation, de formation des acteurs (professionnels et bénévoles), notamment en matière de détection et repérage des signaux faibles ».* Cette prévention est ainsi décrite comme la mise en œuvre d'un ensemble de mesures à destination d'un public défini comme « vulnérable », donc dans le cadre d'une acception somme toute demeurée très traditionnelle du modèle français de prévention « sociale » de la délinquance, tel qu'il a été structuré depuis le début des années 1980 en visant, du point de vue matériel, à « sensibiliser » les « publics vulnérables » ainsi que les acteurs dits de première ligne (« professionnels et bénévoles »). Néanmoins, cette définition de l'action publique de « prévention de la radicalisation » intègre également la formation de ces acteurs « en matière de détection et de repérage des signaux faibles ». Cette seconde dimension renvoie à un référentiel moins directement social et davantage ancré dans une logique de surveillance et de contrôle (qui, historiquement, a souvent fait l'objet de controverses entre les professions du « social » et celles de la « sécurité », notamment sur la question de l'échange d'information et du secret professionnel). Implicitement, la définition proposée par le CIPDR s'inscrit dans la valorisation du niveau « primaire » de prévention sociale (actions de sensibilisation et de formation prenant pour cible un public « vulnérable ») tout en l'accompagnant d'une logique spécifique de signalement via la formation en matière de « détection » et de « repérage » des « signaux faibles ». Implicitement également, cette définition tend à mettre à distance le niveau secondaire de prévention (c'est-à-dire celui qui serait relatif au *suivi* et la *prise en charge* – et non plus la simple sensibilisation – du public non plus seulement *vulnérable*, mais également *engagé* dans un début de parcours radical). Si l'on s'en tient à la définition récente donnée par le CIPDR, la « prévention de la radicalisation » ne concernerait donc aujourd'hui que le niveau de la prévention *primaire* (organisé autour du binôme : *sensibilisation, détection-repérage*) et non pas celui de la prévention *secondaire* (organisé autour de logiques de *prise en charge-suivi*), le premier étant d'ailleurs centré sur un niveau de prévention générale (centré sur l'ensemble de la société, et plus particulièrement sur les publics jugés « vulnérables ») alors que le second est centré sur la prise en charge et le suivi (à la fois social et sécuritaire) d'individus spécifiquement identifiés et repérés comme ayant un début d'engagement radical. Or ce second niveau de prévention n'est pas explicitement intégré dans cette nouvelle définition proposée de la « prévention de la radicalisation ».

Cette brève histoire des politiques de prévention de la radicalisation en France montre comment se sont succédé, dans un temps relativement court (de 2014 à 2022), toute une série de cadrages aboutissant progressivement à la formalisation d'une doctrine française spécifique qui entend constituer la base de l'action publique de prévention de la radicalisation. On peut identifier une forme d'évolution progressive de ce cadrage, avec la construction d'un continuum de sens entre lutte contre l'islamisme et prévention de la radicalisation, ainsi qu'une forme d'articulation entre ces domaines et celui plus traditionnel de la politique prévention de la délinquance au sens large. La maitrise de ces cadres apparaît ainsi tout à fait déterminante dans la manière dont les professionnels vont se saisir de ces questions sur le terrain. Il leur faudra clairement expliciter quelle conception ils retiennent dans leurs pratiques au risque de ne plus savoir très clairement ce qu'ils veulent prévenir (ex : la violence, le communautarisme, le séparatisme, etc.), voire de rendre leur action confuse et source de confusion chez le public avec lequel ils travaillent. Ici réside d'ailleurs l'une des difficultés pour les autorités publiques dans leur volonté de combiner préoccupations sociales et préoccupations plus sécuritaires, qui est inhérente aux modes de définitions (toujours délicats à figer) de la « radicalisation » et de ses modes de « prévention ».

3

L'émotion dans le processus de radicalisation

Aurélia ETZEL
Psychologue sociale
Doctorante en Psychologie Sociale
Université Grenoble Alpes

Aborder la question de l'émotion dans un contexte épidémique et insécuritaire tel que nous le connaissons depuis mars 2020 n'a certainement jamais été autant d'actualité. Le sentiment de menace partagé par les individus rend inéluctable le partage émotionnel à l'égard de cette menace. L'émotion commune ressentie face à la menace de la Covid-19 ou face à la menace liberticide des attentats de Charlie Hebdo en 2015 par exemple, nous place au cœur des mécanismes de contagion émotionnelle et du processus empathique, mais également face à la question de l'articulation entre émotions et cognition dans les relations intergroupes. De nombreuses théories se sont succédé pour tenter de rendre intelligible le lien unissant le corps aux émotions et les émotions à l'environnement. Plus précisément encore que les processus de son émergence, de sa symbolisation, se pose la question de l'impact de ces émotions individuelles et collectives sur nos interactions sociales. Si l'être humain, au travers de ses neurones miroirs (Guillain, Pry, 2012), est biologiquement programmé pour répondre aux sollicitations émotionnelles de son groupe, alors dans quelle mesure ce lien émotionnel pourrait-il précipiter et entretenir le processus de radicalisation islamiste ?

La dimension émotionnelle dans le processus de radicalisation : un facteur sous-estimé ?

Les recherches consacrées aux facteurs explicatifs à l'origine de l'engagement dans la radicalisation violente et au terrorisme mettent régulièrement l'accent sur les dimensions structurelles qui la composent, telles que les conditions familiales, scolaires, sociales, ou économiques. Pourtant, la prise en compte de la dimension émotionnelle dans l'étiologie du processus de radicalisation violente peut être considérée par de nombreux chercheurs comme une valeur ajoutée à la compréhension du phénomène et l'amélioration des actions de prévention (Sherman, 2003, p. 62). Ainsi, le processus de radicalisation ne saurait être analysé uniquement sous le prisme cognitif, rationnel et froid. Il gagnerait à l'être également au travers de ses « cognitions brûlantes » (Gamson, 1992), de ses émotions et croyances individuelles ou collectives. De nombreux travaux scientifiques démontrent l'intérêt d'intégrer l'influence émotionnelle du groupe et ses répercussions dans le processus de radicalisation, permettant aux professionnels d'appréhender ce qui se joue ainsi que les facteurs favorisant l'internalisation du vécu subjectif des injustices et autres menaces sur l'identité notamment.

L'émotion : une réponse au conflit identitaire et au sentiment de menace

Pour celles et ceux qui agissent directement ou indirectement au nom d'un groupe radicalisé, une sorte de consensus émotionnel émerge, dans lequel les membres partagent sentiments positifs et négatifs envers certains acteurs ou problèmes au travers de la contagion émotionnelle (Van Stekelenburg, Oegema et Klandermans, 2010). Mackie (2000) démontre que des variations des réactions émotionnelles sont observées lorsqu'un contexte de menace symbolique se traduit par un conflit de valeur (Devos, 2005, p. 87). La menace symbolique est une menace des croyances, des valeurs. Cependant, cette notion de menace n'est pas uniforme dans sa production d'émotions groupales. Qu'il soit réel ou symbolique, le sentiment de menace s'accompagne inéluctablement d'une incertitude identitaire (Hogg et Adelman, 2013 ; Hogg et Wagoner, 2017), que l'identification aux groupes extrémistes permettra de soulager grâce à des préceptes précis quant à la manière d'aborder le problème et de se comporter pour y faire face (Hogg et Waggoner, 2017). La théorie du contrôle compensatoire (Kay et Eibach, 2013) confirme l'investissement de l'individu dans des croyances personnelles, gouvernementales ou religieuses pour lutter contre l'angoisse de l'incertitude.

L'émotion groupale : Un potentiel activateur des comportements violents ?

Tout comme les normes groupales ou sociales ont un impact sur la nature des émotions ressenties ou manifestées, ces dernières agissent également en retour sur les normes ambiantes (Minner, 2019). Autrement dit, les réponses émotionnelles partagées avec Autrui participent à la vie du groupe en agissant sur la nature des communications internes propres au groupe et sur le renforcement des conduites individuelles. Il est par exemple établi que les individus confrontés à des expressions de colère de la part des membres de leur groupe d'appartenance seront beaucoup plus enclins à réagir de la sorte, se conformant ainsi aux normes du groupe pour ne pas en subir le rejet (Heerdink, 2013). Comme le souligne en substance le socioanthropologue Marcel Mauss, les sentiments et émotions manifestés par les individus sont essentiellement, non pas des phénomènes exclusivement psychologiques, ou physiologiques, mais des phénomènes sociaux, marqués éminemment du signe de la non-spontanéité et de l'obligation la plus parfaite » (1968, p. 81). Face aux sentiments d'injustice, aux expressions de remords ou de culpabilité, de colère ou de honte, on peut légitimement penser que toutes actions, démarches ou tous dispositifs de prise en charge des individus en voie de radicalisation ou caractérisés comme tels, exigent au préalable une fine analyse des influences normatives qui ont modelés leurs expressions émotionnelles.

Par ailleurs, sachant que le partage des émotions est prioritaire sur le vécu individuel (Rimé, 2005), le fait de communiquer ses émotions ou d'interagir à travers elles peut constituer, de surcroît pour les individus radicalisés, un moyen de régulation, essentiellement non conscient, visant à renforcer, maintenir ou restaurer les relations entre eux. Les émotions peuvent être envisagées par les professionnels de la prévention et de la prise en charge, comme des indicateurs de l'évolution de l'engagement dans la violence. De façon corollaire, le processus de radicalisation s'accompagnerait d'une modification des croyances et des sentiments, pouvant ainsi justifier l'usage de la violence pour défendre les intérêts de son groupe, et par extension, les siens propres (Trip, S., Bora, C. H., Marian, M., Halmajan, A., & Drugas, M. I., 2019). L'action devient ainsi le témoin de l'émotion justifiant la croyance idéologique pour faire face, certes à l'incertitude et au sentiment de menace, mais également pour faire face à la terreur. En effet, alors que l'individu rejoint les camps d'entraînement d'Afghanistan ou du Pakistan, la violence trouvera sa justification sous les préceptes religieux et les relectures fallacieuses du Coran. Mourir pour s'assurer une place au paradis : une cascade de soulagement émotionnel face aux tourments et aux turpitudes de la vie portés jusque-là. L'endoctrinement du groupe sublime l'émotion négative en une violence presque « douce ».

Les émotions collectives agissent donc dans le processus de radicalisation comme de réels déclencheurs et amplificateurs (Van Stekelenburg et Klandermans 2007 ; 2010), jusque dans le recrutement pour lequel les « leaders d'émotion » (Vernette et Flores 2004), n'hésitent pas à amorcer émotionnellement les membres potentiels, principe clé de toute organisation d'un mouvement de contestation (Schrock, Holden et Reid 2004). Les leaders activent la transition vers les émotions violentes (Matsumoto, Frank et Hwang 2015) et « font tout leur possible pour créer l'indignation morale et fournir une cible contre laquelle cela peut être ventilé » (Van Stekelenburg.J, 2017). Martin Luther King (1968) a ainsi déclaré avec justesse : *« Il ne suffit pas que les gens soient en colère - la tâche suprême est d'organiser et d'unir les gens pour que leur colère devienne une force transformatrice »*. Les leaders des groupes extrémistes font ainsi appel aux émotions dites d'attaque telle que la colère pour faire émerger *« le feu dans le ventre et le fer dans l'âme »* (Gamson, 1992).

De la transgression morale à la réponse émotionnelle violente

En 1960, Magda Arnold définit le processus émotionnel sous l'angle cognitif en rationalisant la théorie de l'évaluation cognitive (appraisal). La perception est ainsi définie comme une « coloration » particulière de la relation du sujet à l'objet perçu, qui correspond à un processus d'évaluation doublée d'une poussée définie vers ou à l'écart de l'objet (Rimé, 2016, p. 9). Cette évaluation permet ainsi à l'individu de définir l'importance d'une situation pour son bien-être, et donc la cause de ses réactions émotionnelles (Sander, 2014). Lazarus et Smith poursuivront ces travaux en tentant d'analyser les thèmes principaux qui relient des situations à des émotions typiques (1999). Les émotions révèleraient donc nos croyances, pour lesquelles chaque famille d'émotion se distingue sous la forme d'une valeur spécifique (Tcherkassof, 2016).

À ce titre, prenons l'exemple de ces faits divers servis par la presse et suscitant l'indignation générale alors même que les tenants et les aboutissants de l'incident ne sont parfois pas encore établis. Les médias relaient cette émotion au travers de l'intervention de moult « spécialistes » dont l'objectif est d'expliciter les facteurs jugés aggravants de l'événement. Les réactions émotionnelles sont brutalement projetées via les réseaux sociaux, implacables et sans filtre. En d'autres termes, l'emballement émotionnel se voit justifié par l'outrepassement de règles morales ou éthiques, de valeurs, jugé impardonnable, injustifiable, au risque de s'écarter parfois de considérations plus rationnelles. La colère émerge ainsi lorsque face à une situation jugée injuste ou illégitime, les responsables de cette situation sont blâmés pour ne pas avoir été capables de « faire autrement ».

La colère se voit donc attribuer un rôle important dans la conduite d'actions contre ces responsables, et cette colère partagée en fait l'émotion de l'attaque (Van Zomeren et al. 2004).

Il semble donc exister un rapport de proportionnalité entre le degré de transgression des valeurs perçu et la violence de la réponse émotionnelle. Violence émotionnelle que nous sommes tous susceptibles d'éprouver et de manifester par une forme de radicalisation du débat public.

Néanmoins, si le processus émotionnel sous-jacent est comparable, précisons que la violence, le déchaînement, la frénésie de la réponse émotionnelle est sans commune mesure avec la violence, la brutalité et la rage de l'action terroriste. Alors comment les émotions violentes sont-elles susceptibles de faire basculer l'individu vers l'action violente ?

Le mépris : une émotion de transition vers l'action violente

La colère s'observe notamment lorsque dans une action normative (visant à émettre un jugement de valeur), les individus éprouvent de l'espoir au changement et utilisent l'émotion comme une forme de protestation (Simon et Sturmer 2009). Dans les actions violentes non normatives, c'est la colère combinée au mépris qui semblent être prédominants (Fischer et Roseman 2007 ; Tausch et coll. 2008). Or le mépris se définit communément comme le « sentiment par lequel on juge quelqu'un ou sa conduite moralement condamnable, indigne d'estime et/ou d'attention ». Izard (1977) complète cette définition en y joignant la notion de sentiment de supériorité, le rejet de l'Autre dans une classe inférieure face à une construction de Soi dans une classe supérieure. Le mépris se positionne donc au travers d'un certain degré d'hostilité qui incite à refuser l'altérité. De ce point de vue, le mépris social est avant tout une émotion dévalorisante qui permet de tenir un individu ou un groupe à distance. En effet, les expressions émotionnelles d'un groupe remplissent une fonction de coordination sociale en jouant le rôle de signaux d'inclusion ou d'exclusion du membre dans ce même groupe. Ainsi, une étude réalisée sur les émotions groupales dans les réseaux de jeux vidéo en ligne démontre que certains profils de joueurs suscitaient explicitement du mépris, en raison de leur incapacité présumée à participer à la réalisation d'objectifs communs ou de leur propension (là encore présumée) à créer des conflits entre les membres et, par là même, à hasarder le devenir de la guilde (du groupe de joueurs en ligne) elle-même. De la même manière, il semble que *« Tout se passe comme si les djihadistes dénigraient à leur adversaire une authentique capacité d'agir* » (Crettiez X. & Sèze,R., 2017, p. 73, p. 74).

L'activation de la norme du groupe a, de ce point de vue, l'objectif de sanctionner l'individu jugé « défaillant » de manière interne ou externe, par l'expression d'une émotion négative. Il s'agit là d'une forme de résistance directement liée au comportement de réclamation (Roux, 2007). En effet, il semble que d'une manière générale, le mépris suscite moins de stress, de sentiment de culpabilité et de peur, qui sont pourtant les émotions susceptibles d'inhiber un comportement d'agression. Izard la considère donc comme l'émotion la plus hostile mais aussi la plus froide.

Sentiment de discrimination et de non-reconnaissance : un terreau fertile au mépris

Les processus sous-jacents à l'émergence du mépris sont donc ceux du préjugé et du stéréotype, et il s'agit bien de la perception d'une discrimination que découle une potentielle justification d'un passage à l'acte violent (Ducol, 2013).

Dans le Rapport recherche pour la Mission de recherche Droit et Justice analysant les processus en jeu dans les engagements violents, quasiment toutes les personnes interrogées expriment *« l'idée générale selon laquelle, eux et la communauté musulmane sont discriminés. »* (Crettiez X. & Sèze,R., 2017, p. 73). Dès lors, l'utilisation du mépris devient le moyen de se valoriser par défaut, un mécanisme par lequel rabaisser autrui ou ses valeurs et idéaux devient le moyen de se sentir supérieur, dans l'objectif de conserver une construction sociale : *« Il est difficile de ne pas voir le lien qu'entretient la violence avec la volonté de projeter une image «puissante» et noble de soi, en d'autres termes d'échapper au stigmate de la faiblesse et d'être reconnu comme vrai acteur «donateur» dans la société nationale ou internationale. »* (*ibid.*, p. 73). Le champ lexical majoritairement utilisé dans les entretiens de ce même rapport met en évidence ce sentiment de non-reconnaissance : *« nous ne sommes pas des moutons », « on nous méprise », « les flics sont racistes »,* etc. (*ibid*, p. 77).

Plus précisément, les antécédents propices à l'émergence de l'émotion de mépris peuvent se situer sur un terrain attitudinal (sentiment de supériorité ou de révulsion, sentiment d'être induit en erreur, trompé, trahi, déçu ou blessé par les autres, des pensées de désapprobation des actions des autres, des pensées de développement de soi ou de défense du groupe contre les prédateurs) ou sur un terrain comportemental (perception d'un comportement condescendant, sarcastique, haineux, blessant, égoïste ou erroné).

Cependant, l'expression du mépris au travers de l'acte terroriste ne serait-elle pas elle-même le résultat d'une expérience individuelle ou collective vécue ou imaginée de mépris ?

L'expérience individuelle d'une situation de mépris affecte négativement le rapport à soi. Alors que la reconnaissance et l'accomplissement social sont les piliers de l'estime de soi et de l'accomplissement individuel. La victime de mépris se voit donc rejeter une image positive de son identité. La perte du respect de soi en tant qu'individu et en tant que membre potentiel d'une communauté aboutit à une forme de dissolution de la confiance et à la conviction d'être indigne d'affection. Cependant, il semble que cette perception de rejet par le mépris peut également être convertie en un ressenti positif et fédérateur. En effet, selon le modèle de rejet-identification développé par Branscombe et ses collègues (1999), il existe une corrélation entre l'accentuation de l'identification d'un individu à son groupe et l'augmentation de son bien-être individuel. L'exemple du mépris porté sur la communauté homosexuelle, et particulièrement exprimé à l'égard du rapport au corps, au désir et à la sexualité est sublimé par le groupe en une fierté communautaire. Ainsi, d'un point de vue de la cognition sociale, le mépris s'il joue le rôle de coordinateur social par son ostracisme, peut également être utilisé par le groupe pour renforcer son identification et par chacun de ses membres comme une stratégie de préservation de l'estime de soi.

En d'autres termes, dans le processus de radicalisation, le mépris associé à la colère permet donc de justifier le refus de l'altérité et l'hostilité à l'égard de ceux ne partageant pas les mêmes valeurs. Il trouve ses racines dans le sentiment de rejet de ses croyances, de sa culture. L'atténuation de la peur et du stress offerte par ce binôme émotionnel justifie le désir de contrôle de la situation et facilite la « sanction » du groupe jugé défaillant. La transition de l'émotion violente vers l'action violente devient dès lors envisageable.

La triade explosive mépris-colère-dégoût : un amplificateur du processus de radicalisation

L'intérêt d'appréhender finement le poids de l'émotionnel dans la manifestation de conduites radicales violentes est aussi renforcé par l'étude menée par Devos en 2005. Ce chercheur démontre que l'émergence d'une menace liée à un sentiment d'injustice déclenche certes de la colère mais également de la peur ou du dégoût. Ce sentiment d'injustice perçue et l'humiliation qui en découle sont une caractéristique déterminante prédisant un sentiment de déconnection sociétale alimentant les croyances radicales (Doosj et al., 2013). La triade mépris, colère et dégoût est ainsi à la base même du fondement émotionnel des jugements moraux (Rozin et al., 1999).

L'auteur métaphorise cette triade en la comparant aux ingrédients de la poudre à canon : si, pris indépendamment, le charbon de bois, le souffre et le nitrate de potassium ne présentent qu'un danger relatif, leur association devient quant à elle explosive. Dans ce contexte, la théorie de la transformation des émotions (Matsumoto et coll. 2015), suggère que les émotions liées au processus de radicalisation se modifient selon trois étapes, et ce concomitamment aux étapes décrites dans le modèle de radicalisation en escalier de Moghaddam (Trip, S., Bora, C. H., Marian, M., Halmajan, A., & Drugas, M. I., 2019).

- 1re phase : La perception des possibilités de lutter contre le sentiment d'injustice générant indignation et sentiment de colère. Il s'agit à cette étape de l'identification d'une menace symbolique de son intégrité.

- 2e phase : Le déplacement de l'agression détectée ainsi qu'une réévaluation morale basée sur un sentiment de mépris à l'égard de l'exogroupe, renforçant le sentiment de colère.

- 3e phase : L'engagement moral dans une forme violente de l'élimination au travers d'un sentiment de dégoût, se voit renforcé dans une quatrième et cinquième phase de rigidification.

Processus de déshumanisation : de l'absence d'empathie à l'insensibilité émotionnelle

Si de nombreux auteurs reconnaissent les émotions comme des éléments centraux du processus de radicalisation violente (McCauley et Moskalenko, 2008), l'insensibilité émotionnelle apparait également comme l'une des conséquences du mécanisme de déshumanisation utilisée par les idéologies radicales et qui serait susceptible de précipiter le passage à l'acte (Belhourania, R.). En effet, la déshumanisation se définit comme le mécanisme par lequel les caractéristiques humaines d'une personne ou d'un groupe de personnes se voient contestées. Ce processus est soutenu par la dynamique de groupe qui opère un clivage entre « un idéal de pureté » et « le meprisé, le non-humain, le mauvais à détruire » (Brunet, 2015). La déshumanisation d'un groupe jugé indigne « d'être » légitime le désengagement moral et l'absence d'empathie. Or l'empathie est le processus psychologique de base sur lequel repose l'émergence de l'émotion collective et la tendance innée de l'homme à vouloir imiter les autres (Van Hoorebeke, 2009). Il est ainsi populairement admis que l'empathie nous permet de ressentir *comme* l'autre. Le processus de l'empathie miroir repose sur la découverte des neurones du même nom : les neurones miroirs (Rizzolatti, Fogassi & Gallese, 2007 ; Rizzolatti & Sinigaglia, 2008). Ces neurones situés dans l'aire cérébrale F5 ont la particularité de s'activer lors de l'exécution d'une action par un individu mais également lors de l'observation d'un autre individu exécutant la même action (Guillain, Pry, 2012). Ce système est donc fondamental pour maintenir des relations sociales en rendant possible un phénomène de résonance affective (Guillain, Pry, 2012) entre les individus. D'un point de vue théorique, c'est le modèle neuro- simulationniste qui permet de postuler que ce mécanisme d'imitation interne est bien sous-jacent au partage d'affects et d'émotions. En d'autres termes, si un individu ne reconnaît pas en l'autre les caractéristiques humaines semblables aux siennes, alors le processus empathique risque de se voir entravé et, par là même, toute forme de bienveillance et de compassion. En dépossédant l'autre de ses caractéristiques humaines, le processus d'empathie nécessaire à la résonance affective, à l'acceptation de l'altérité se voit enrayé : si je fais du mal à celui que je ne considère pas comme digne d'humanité alors je ne serai pas aux prises d'émotions sociales réprobatrices telles que la honte et la culpabilité. Je ne me sentirai pas responsable de « crime contre une quelconque humanité ».

Parallèlement, la méta-déshumanisation, processus par lequel un individu ou un groupe d'individu éprouve le sentiment de ne pas avoir été traité comme un être humain aura tendance à répondre en déshumanisant à son tour le groupe ou l'individu à l'origine de la stigmatisation : un effet rebond qui tendra vers une acceptation croissante des actions négatives contre ce groupe adverse. Plus précisément, cette objectification qui impacte tant le fonctionnement cognitif, émotionnel que comportemental, de la personne ou du groupe qui le subit (Fredrickson & Roberts, 1997), peut aboutir à l'émergence d'une forme de plaisir à se savoir objectifié (Liss et al., 2011). Ce processus d'objectification s'accompagne par définition d'un déni d'humanité chez la cible, et est donc lié au phénomène de déshumanisation (Vaes et al., 2011).

La déshumanisation et la méta-déshumanisation sont donc à l'origine d'une dynamique pouvant s'avérer particulièrement dangereuse. Les deux processus tendent à se potentialiser, à se multiplier en justifiant le recours à des méthodes de plus en plus cruelles de part et d'autre. De la confrontation naît alors la rivalité. Le rival devient l'ennemi à abattre.

L'évaluation et l'intervention psycho-socio-éducative comme réponse au désamorçage

À partir de ce constat, quelle approche adopter pour permettre le désamorçage des croyances irrationnelles générées par le tropisme de l'émotion collective dans le processus de radicalisation ? L'un des enjeux consiste à agir sur la remobilisation d'idées réalistes face à la puissance du flot émotionnel et potentiellement irrationnel. L'éducation comportementale émotivo-rationnelle (REBE) s'affiche comme un médiateur puissant du changement de croyances irrationnelles sur la modification comportementale et émotionnelle (Trip et Bora, 2010). Le second enjeu est celui de l'acceptation de soi et de l'augmentation de l'estime de soi permettant de développer une résistance accrue face aux événements négatifs et à l'incertitude qu'ils génèrent. Le sentiment d'efficacité, l'estime de soi s'avèrent être des facteurs protecteurs efficaces contre les comportements violents (Trzesniewski et al., 2006). En ce sens, des dispositifs de prévention tels que le dispositif « Chemin Choisi » (Abdellaoui, S., 2020) démontrent de premiers résultats particulièrement favorables en matière de déconstruction des stéréotypes, de prise de conscience des facteurs d'engagement dans les idéologies radicales et violentes, d'acquisition des clés d'identification et de compréhension des logiques d'influence néfastes, permettant l'identification des ressources favorisant une prise de décision socialement désirable. La dimension émotionnelle se positionne donc comme une piste de réflexion intéressante qu'il convient d'inclure dans la compréhension étiologique du processus de radicalisation, mais également en amont dans les programmes de prévention contre toute forme de dérives radicales violentes.

4

Le centre éducatif fermé de Sainte Ménéhould : entre une logique institutionnelle et des pratiques professionnelles spécifiques en prise en charge de la radicalisation

Maamar BEKAOUASSA
Directeur de Pôle Justice
Directeur des CEF Ste-Ménéhould, CEF d'Épernay &
Service de Prévention Spécialisée de Vitry-le-François.

Les CEF sont des lieux de privation de liberté destinés à accueillir 12 mineurs délinquants, garçons et filles, au titre des Articles 81 et 94 de la Loi du 23 mars 2019 (suite à l'abrogation de l'article 33 de l'ordonnance du 2 février 1945) et du code de procédure pénale. Le placement en CEF constitue une alternative à l'emprisonnement et est destiné à la prise en charge de mineurs multiréitérants, multirécidivistes ou ayant commis des actes d'une particulière gravité. Il s'agit d'établissements à caractère principalement éducatif où les jeunes sont placés dans le cadre d'une décision de contrôle judiciaire, de sursis avec mise à l'épreuve ou de libération conditionnelle. Le projet d'établissement des CEF répond à un cahier des charges précis, régi par la circulaire du 10 mars 2016 [1]. Le personnel qui y intervient est essentiellement composé de professionnels de l'éducation (éducateur spécialisé principalement). Leur mission consiste à ce que les jeunes respectent leur contrôle judiciaire tout en assurant un accompagnement éducatif en vue de leur réinsertion sociale, scolaire et/ou professionnelle. La prise en charge éducative dans le cadre judiciaire repose donc sur l'aide contrainte.

1. Circulaire d'application relative aux règles d'organisation, de fonctionnement et de prise en charge des centres éducatifs fermés.

Cependant, pour que le mineur devienne acteur de son projet personnalisé, son adhésion doit être recherchée comme un objectif dans le cadre de son suivi éducatif.

Caractéristiques du CEF de Sainte Ménéhould

Le CEF de Sainte Ménéhould, un établissement géré par l'Association (loi 1901) de la Sauvegarde de la Marne, a ouvert ses portes le 9 mars 2009. La structure éducative est rattachée au Tribunal judiciaire (TJ) de Châlons-en-Champagne, à la Direction Territoriale de la PJJ de la Marne et des Ardennes et à la Direction Interrégionale de la PJJ Grand Est. L'établissement accueille 12 mineurs, garçons et filles, âgés de 14 à 17 ans, confiés par l'autorité judiciaire au titre de l'Ordonnance du 2 février 1945 relative à l'enfance délinquante. Dès son ouverture, une spécialisation dans la prise en charge de la santé mentale des adolescents lui a été confiée par la PJJ. Ainsi, le CEF bénéficie de la présence d'un psychiatre une fois par semaine et d'un partenariat avec l'Établissement Public de Santé Mentale de la Marne (EPSM).

Dès 2014, dans le cadre d'une première expérimentation puis officiellement dès fin 2016, le CEF de Sainte Ménéhould s'est vu « réserver » par la Direction de la PJJ et en lien avec le Parquet Anti-Terroriste de Paris, une place « fléchée radicalisation » pour l'accompagnement de filles. Cette place sert également pour des adolescentes en suspicion de radicalisation, en voie de radicalisation ou pour apologie du terrorisme. Depuis l'automne 2016 et au regard des besoins, la PJJ a élargi ce dispositif de mobilisation de placement judiciaire pour l'accueil des mineurs déférés devant le Pôle Anti-terroriste de Paris. Ainsi, cette place fléchée a été introduite à travers une réflexion plus globale dans le projet d'établissement du CEF de Sainte Ménéhould.

En janvier 2017, Catherine Sultan, la Directrice de la PJJ définira, dans une note de cadrage, les conditions de mobilisation des places identifiées pour l'accueil de mineurs déférés devant le pôle anti-terroriste. Cette note indique que seuls les mineurs déférés devant le pôle anti-terroriste du Tribunal judiciaire de Paris pour l'une des qualifications définies aux articles 421-1 et suivants du Code pénal peuvent faire l'objet d'une proposition de placement sur l'une des places identifiées.

À ce jour, 15 places sont réservées dans les CEF au niveau national et une en UEHC (Unité Éducative d'Hébergement Collectif). Les établissements situés dans le Nord et Nord-Est de la France sont les lieux les plus sollicités au regard de leur proximité avec la région parisienne. Sur l'année 2020, le taux d'occupation de la place réservée au CEF de Sainte Ménéhould est de 61 %. Depuis le début de cette expérimentation, c'est-à-dire de 2014 à 2020, le taux d'occupation est d'environ 70 %. Ces données montrent bien le besoin pour le ministère de la

Justice de disposer de places en CEF pour répondre aux différentes situations judiciaires liées à la radicalisation des mineurs sur ces dernières années.

Étude du parcours et de la situation des 6 mineures dites « radicalisées »

Depuis la création de cette place « *fléchée radicalisation* », ce sont au total 6 adolescentes qui ont été accueillies au sein du CEF de St Ménéhould.

La moyenne d'âge des six adolescentes est de 16 ans ½ et leur origine géographique est répartie sur tout le territoire national. La durée de ces placements s'inscrit entre 6 et 12 mois.

Les parcours de vie mettent en avant plusieurs fragilités intrafamiliales. Elles ont toute une histoire familiale complexe empreinte soit de violence, de séparation brutale, d'un deuil et d'une importante négligence affective. La grande majorité des jeunes filles (83 %), entretiennent peu de relations sociales extérieures au milieu familial. Et l'ensemble des adolescentes ont une problématique particulière avec leur père (abandon, décès, conflit important, notamment).

Dès leur arrivée au CEF, la majorité des jeunes filles portent un vêtement qui montre une appartenance à un islam dit « radical » (niqab [1], hijab [2]). Elles ont toutes expliqué lors des premiers jours du placement avoir des liens avec des réseaux djihadistes par le biais des réseaux sociaux principalement, les appelant « *mes frères* ». Une des jeunes filles se faisait appeler « *la lionne* » lors de ses échanges *via* le support « *Télégram* », un surnom pouvant évoquer, comme abordé précédemment, des femmes combattantes. On retrouve également un discours commun à chacune des adolescentes : la volonté de partir en Syrie pour y rejoindre les rangs de l'organisation terroriste État islamique (EI). La moitié d'entre elles ont même déjà fait au moins une tentative de départ. Pour exemple, Iris [3] l'une des jeunes filles, a été interpellée à Genève alors qu'elle s'apprêtait à rejoindre la Syrie en passant par la Turquie avec un autre mineur, déjà mis en examen et sous contrôle judiciaire pour des faits similaires, après une rencontre et un mariage par internet. Cette dernière s'est révélée être enceinte au moment de son placement au CEF.

Il apparaît aussi dans le profil des mineures un discours de haine qui les pousse à assumer le fait de vouloir commettre un attentat : « *je suis tout ce que la France déteste [...] ça tombe bien c'est réciproque ahahah [...] moi je suis prête à mourir pour Allâh [...] aucune pitié pour les ennemis d'Allâh* » [4]. D'ailleurs, les jeunes

1. Niqab : voile intégral couvrant le visage à l'exception des yeux.

2. Hijab : voile qui recouvre l'ensemble de la chevelure et une partie du corps. Le visage reste dégagé.

3. Le nom a été modifié pour assurer la confidentialité de la personne.

4. Extrait d'une Ordonnance de Placement sous Contrôle Judicaire de l'une des mineures.

filles font toutes le lien à des attentats commis sur le territoire national pour montrer leur allégeance à l'idéologie de l'État islamique. Certaines valorisent l'attentat de Charlie Hebdo, d'autres celui de Nice. La dernière jeune fille accueillie au CEF met en avant son admiration concernant l'attentat du marché de Noël de Strasbourg et notamment, à son auteur Chériff Chekatt.

Sur les motifs connus de leur engagement, la plupart d'entre elles mettent en avant l'altruisme et la volonté d'aider la population syrienne, mais également le souhait de se marier : un marqueur important d'embrigadement des filles. En effet, le mariage semble être un moyen de passer dans un autre statut que celui de l'adolescence, difficilement vécue et surtout de répondre probablement à un manque affectif fort et particulièrement, envers la figure paternelle.

Lors des premiers jours du placement, nous constatons que 67 % des jeunes filles, soit quatre des six adolescentes ne s'intéressent pas réellement à la pratique religieuse. D'ailleurs, durant toute la période de placement, elles ne feront que peu référence à la religion. À travers les entretiens menés avec les six jeunes filles, il en ressort que les adolescentes ont une « doctrine », plutôt qu'une réelle connaissance religieuse, qui a été guidée par des individus radicaux chargés de propagandes extrémistes.

Nous pouvons constater sur les 6 adolescentes placées au CEF entre 2014 et 2020 et mobilisant la place dite « *réservée pour une mineure radicalisée ou en voie de radicalisation* » que la moitié d'entre elles sont placées pour des faits d'Association de Malfaiteurs en vue de la préparation d'actes de Terrorisme (AMT). 5 mineures sur les 6 sont suivies par le Tribunal judiciaire (TJ) de Paris et la sixième par le TJ de Strasbourg pour des faits d'apologie du terrorisme. Pour deux des adolescentes, le placement s'est fait après une incarcération en maison d'arrêt, pour les 3 autres, il s'agit d'un premier placement en institution judiciaire et enfin la dernière jeune fille a déjà connu un parcours en protection de l'enfance l'ayant amenée à être placée en MECS [1].

Pour quatre des six jeunes, il s'agit de leur première comparution devant la justice. Elles sont donc des primodélinquantes. Lorsqu'elles sont confrontées à leur(s) acte(s), les six jeunes filles ont tendance à les reconnaître en partie, en démentant la réalité de certains autres. Elles avouent plus facilement les éléments de preuve matériels (SMS, photos, vidéos…) mais se défendent d'avoir voulu commettre un attentat ou partir réellement en Syrie.

Concernant les familles des six jeunes filles, aucune ne semble être d'accord avec le comportement de leur fille. Certaines avouent une impuissance et un désarroi. D'autres expriment leur désaveu ou un rejet. Sur l'ensemble des situations, au moins un des deux parents est réfractaire au maintien du lien durant

1. Maison d'Enfants à Caractère Social.

le placement. Et 4 jeunes sur 6 ont pu bénéficier en fin de placement à des hébergements au domicile familial pour préparer la sortie du CEF.

Au regard de l'analyse du profil de ces adolescentes, nous constatons qu'elles correspondent plutôt à de la « *radicalité apaisante* », voire à de la « *radicalité de rébellion* » par rapport à l'étude de Bonelli et Carrié (2018) concernant l'affiliation au discours djihadiste. En effet, elles s'engagent davantage dans une quête spirituelle afin de lutter contre leurs angoisses et leurs problématiques familiales et elles ont une tendance, par leurs actes, à vouloir s'opposer fortement au cadre familial, voire à la société de manière générale. Elles cherchent ainsi à se mettre en danger, à se confronter possiblement à la mort dans le but de donner un sens à leur vie, d'affirmer leur identité et de neutraliser leurs angoisses face au passage à l'âge adulte. De plus, nous reconnaissons chez chacune d'entre elles, un ou plusieurs facteurs symboliques et relationnels à l'embrigadement de Daesh : comme le voile, le mariage, la maternité et la volonté, voire la tentative de départ en Syrie.

Sur l'étude des six dossiers [1] des mineures, il en ressort à la fin du parcours de placement, la reprise d'une scolarité et/ou d'un dispositif de formation pour quatre des six jeunes filles. D'autre part, elles ont su entretenir des interactions positives au sein du groupe de pairs pour la majorité d'entre elles et occuper leurs temps libres avec des activités adaptées à la vie sociale. Les professionnels soulignent également dans leurs rapports des comportements positifs d'intégration sociale grâce notamment à la construction d'un lien et d'une relation de confiance qui s'est tissée au fil du placement. La majorité des adolescentes ont su trouver une écoute et se livrer sur leurs ressentis et leurs émotions.

Concernant leur emprise à l'idéologie radicale, les professionnels ont pu constater durant les mois de placement, une remise en question progressive chez certaines jeunes filles concernant leurs situations judiciaires, mais aussi leurs dispositions à supporter des perceptions opposées, être dans le débat et savoir relativiser. Toutefois, les problématiques de départ étant complexes, certaines difficultés restent perceptibles, notamment concernant le discours sur la légitimité de la violence du terrorisme ou de ses auteurs.

Sur le plan de leur santé mentale, la majorité des filles ont adhéré favorablement au suivi psychologique et psychiatrique mené depuis le CEF. À travers cet accompagnement, il en ressort que les adolescentes présentent davantage de troubles anxieux et dépressifs que des troubles du comportement, contrairement à la globalité des mineurs placés au sein du CEF. Toutefois, sur la population exclusivement féminine placée au CEF depuis son ouverture, nous retrouvons une similitude sur ces difficultés psychologiques. Deux des adolescentes ont fait

1. Le Dossier de l'usager est un outil nécessaire à la conception, la conduite et l'évaluation des actions (activités et prestations) menées par un établissement social ou médico- social.

l'objet d'un internement de quelques jours en psychiatrie durant le parcours de placement, à la suite d'un état dépressif inquiétant.

L'étude des dossiers des six adolescentes et les échanges avec les professionnels du CEF mettent donc en évidence un processus de désengagement qui semble réellement engagé durant le placement en CEF, mais pas encore de « *déradicalisation totale* ». D'ailleurs, deux des jeunes filles ont été incarcérées *post* placement au regard de la réactivation d'échanges réguliers avec des individus extrémistes et de nouvelles tentatives de départ en Syrie. Le profil de ces jeunes reste donc particulièrement fragile, notamment lorsqu'elles n'ont pas un socle familial solide, complété par des influences facilement réactivables par le biais des réseaux sociaux.

La situation de Nawelle [1] : un parcours de vie qui amène à un placement en CEF pour des faits de radicalisation

Nawelle est une adolescente de 16 ans ½ qui rencontre depuis ces dernières années des difficultés dans ses relations aux autres et notamment avec sa mère. Il semblerait que ces difficultés proviennent d'un évènement traumatique familial que la jeune fille a connu (décès de sa jeune sœur dans un accident de moto). De plus, l'adolescente n'a jamais connu son père.

Nawelle est suivie par les services de l'Aide Sociale à l'Enfance (ASE) depuis sa petite enfance. Rapidement, ils orientent l'adolescente vers un placement en institution au regard des difficultés au domicile.

En mars 2014, une information préoccupante de l'Inspection académique signale un intérêt massif pour l'Islam au sujet d'informations concernant des attentats. Quelques mois plus tard, la mère de la jeune fille, Madame Jade, signale aux services sociaux que Nawelle a évoqué son souhait de partir en Syrie. Madame Jade, inquiète de cette situation, entreprend les démarches pour une opposition de sortie de territoire.

Le 8 janvier 2015, Nawelle s'oppose à la minute de silence suite à l'attentat commis à Charlie Hebdo. Quelques jours après, elle fugue dans le but de rejoindre un majeur, rencontré sur un réseau social et l'ayant incité à adhérer au mouvement djihadiste. Rapidement retrouvée par les services de police, elle retournera chez sa mère avec un suivi renforcé à domicile par les services de l'ASE.

Une Mesure judiciaire d'Investigation Éducative (MJIE) est prononcée par le magistrat. Elle fait apparaître de nombreuses ruptures et souffrances dans le parcours de Nawelle : absence du père, placement à 3 ans, décès de la petite sœur, séparation de sa mère et son beau-père, mais aussi un isolement important. Mme

1. Pour des raisons de confidentialité, les nom, prénom, âge, les dates et certaines informations ont été totalement modifiés.

Jade, étant elle-même en souffrance, montre d'ailleurs peu d'attachement envers sa fille.

En septembre 2015, Nawelle fait une nouvelle tentative de départ, avec un majeur. Interpellée, elle est confiée en Maison d'Enfants à Caractère Social (MECS) dans le cadre d'une Ordonnance provisoire de placement (OPP). Rapidement l'adolescente montre une grande détresse, des propos inquiétants, des gestes d'automutilation qui conduisent l'équipe à solliciter une hospitalisation en pédopsychiatrie pour une observation.

Suite au bilan médical et pour des questions de sécurité en lien avec les tentatives de départ, les propos extrêmes tenus et les doutes sur les liens et informations toujours entretenus par Nawelle, elle est hospitalisée sur décision du Préfet début octobre 2015. Après quelques mois d'accompagnement, une évolution est constatée. Nawelle commence à s'engager dans un processus de soin. Elle se montre plus stable, admet sa vulnérabilité face aux réseaux djihadistes et commence à s'autoriser à être critique sur la religion telle qu'elle est prêchée.

L'adolescente sort d'hospitalisation durant l'été 2016 et réintègre la MECS. Nawelle n'a aucune sortie seule et ne reste pas au lycée pendant les heures de permanence. Elle pointe régulièrement à la gendarmerie. Elle ne possède pas de téléphone portable, jusqu'à il y a peu, et n'est pas connectable. Tous les rendez-vous sont accompagnés par les professionnels. Les droits de visite sont organisés en lieu neutre ou médiatisé au domicile. Elle bénéficie d'une prise en charge très individualisée et très contenante qui lui donne un statut particulier, mais aussi toute l'attention qu'elle recherche auprès des adultes de manière constante, en lien avec les fragilités liées à son histoire de vie.

En parallèle de la prise en charge quotidienne, Madame Jade est elle-même fortement accompagnée par les services de l'ASE afin qu'elle puisse comprendre les besoins de sa fille et se montrer présente de manière plus constante. Nawelle se montrant toujours aussi sensible aux signes de sa mère, à sa disponibilité émotionnelle : c'est donc un élément déterminant pour sa bonne évolution.

Ainsi, une évolution positive dans la relation mère/fille amène une modification des droits de visite depuis la fin d'année 2017 vers des droits d'hébergement.

Cependant, en mai 2018, après avoir passé le week-end en famille à l'occasion de la fête des Mères, Nawelle a pris le train le dimanche soir vers 18h30 et prendra la décision de ne pas descendre pour regagner la MECS mais d'aller à Paris, dans l'intention d'y commettre un acte délictueux. L'adolescente explique lors de son entretien avec les éducateurs de la PJJ, qu'elle réfléchit depuis plusieurs mois à la mise en place d'une action solitaire et violente, souhaitant ainsi défendre la cause du peuple syrien et palestinien. Nawelle explique qu'elle envisageait de s'en prendre à des chrétiens ou à des juifs, pensant se rendre devant un lieu de culte pour passer à l'acte et imaginant, ainsi, acquérir un ou plusieurs couteaux juste avant. Elle explique également avoir visionné des vidéos via les réseaux sociaux au cours du week-end, qui ont réactivé et renforcé sa volonté.

Nawelle affirme ne pas regretter sa démarche et s'inquiète uniquement des ressentis de sa mère si une décision lourde la concernant venait à être prise. Elle évoque la prison, expliquant ne pas en avoir peur mais préférer tout de même la liberté. Elle dit être persuadée qu'un retour au sein de la MECS est peu envisageable et verbalise brièvement quelques regrets autour de certains de ses amis de foyer qu'elle imagine ne plus revoir. L'adolescente revient sur les démarches et les décisions judiciaires mises en place autour de ses déclarations et de ses envies de passage à l'acte de terrorisme, estimant que rien ne la fera changer d'avis, à ce sujet.

Nawelle est mise en examen et placée sous Contrôle judiciaire (CJ) pour trois faits, notamment pour menace de mort et apologie publique d'un acte de terrorisme.

Fin mai 2018, le Juge des enfants confie provisoirement Nawelle au CEF de Sainte-Ménéhould car l'établissement est en capacité d'accueillir la jeune fille et qu'il bénéficie d'une place réservée et repérée autour des problématiques de radicalisation.

L'impact sur l'accompagnement du parcours de placement d'une mineure radicalisée : la situation d'Audrey

Audrey est la dernière jeune fille à avoir occupé la place fléchée au sein du CEF. Elle a été placée en octobre 2019 pour des faits d'apologie et de recel d'apologie du terrorisme jusqu'à sa majorité. Elle a donc pu bénéficier de l'expérience acquise (*et en cours d'acquisition*) des professionnels et de l'institution depuis la mise en œuvre du Plan d'Actions et d'Accompagnement global [1].

Son placement est lié à une évolution inquiétante de la mineure dans son rapport à la religion. Même si cette dernière conteste toute radicalisation, l'exploitation de son téléphone portable, par les services de lutte anti-terroriste, montre la trace d'un intérêt particulier pour des sites et sujets en lien avec un islam radical et son amour revendiqué pour l'auteur de l'attentat de Strasbourg. En nous appuyant sur le modèle de « *transformation cognitivo- affective de la définition de soi et de la construction du sens dans l'engagement radical violent* » [2], nous situons la jeune à un niveau de « *fascination* », correspondant au « *stade de l'orientation vers la cause* ». Elle ne voulait plus vivre dans cette société, elle

1. Le Plan d'Actions et d'Accompagnement est un ensemble de mesures mis en place par la direction du CEF pour accompagner les professionnels à appréhender et accompagner le projet d'une jeune fille radicalisée ou en danger de l'être.

2. Alain RUFFION, « Les orphelins de la République, les failles psychologiques et sociétales qui mènent nos adolescents aux radicalités », édition La boîte à pandore, 2019.

voyait le monde par « *un ensemble d'idées extrémistes et des interprétations qui excluent l'autre opinion* ».

Les parents d'Audrey sont séparés et l'adolescente décrit leur positionnement de manière antinomique. Selon elle, son père a une attitude rigide alors que sa mère adopte une posture plutôt permissive. Ses deux parents ont reconstruit leur vie et l'adolescente ne trouve sa place chez aucun des deux parents. Audrey ne se dit pas satisfaite du choix de son beau-père, qui selon elle, frappe sa mère et l'éloigne d'elle. Sa mère n'a d'ailleurs eu que très peu de lien avec sa fille tout au long de son placement malgré la volonté d'Audrey. Concernant son père, leur rapport est conflictuel et distant. Elle ne reconnaît pas son autorité et ce dernier a pris ses distances depuis son choix de refaire sa vie professionnelle et familiale.

Durant son placement, l'équipe éducative a accompagné Audrey à prendre sa place au sein du groupe après une première période dans l'opposition et le rejet des autres. Pour cela, les professionnels lui ont proposé un accompagnement personnalisé prenant en compte les différents thèmes – *social, familial, santé, insertion professionnelle, rapport à la loi et radicalisation* – à travers des ateliers et projets qui pourraient lui correspondre : travail sur l'estime de soi, sport et bien-être, projet d'aider les sans-abris, découverte professionnelle, etc. Son éducateur référent a pu mettre en valeur son évolution lors de sa synthèse : « *on lui a montré qu'il était possible d'aider les autres en trouvant sa place en tant qu'actrice et surtout en tant que citoyenne par le biais du projet « aider les sans-abris » auquel elle a participé avec intérêt… Au début de son placement, elle se montrait très réfractaire à la pratique sportive, et notamment en présence d'autres jeunes car elle pensait que c'était à l'encontre de ses convictions. Au fur et à mesure et grâce aux liens de confiance noués avec l'équipe éducative, Audrey est de plus en plus en interaction avec les autres. Elle a découvert le plaisir de prendre soin d'elle, notamment en pratiquant une activité physique (vélo elliptique) en salle de sport grâce à un partenariat extérieur noué avec le CEF.* »

À travers cette évolution et au bout de 9 mois, Audrey a su se projeter favorablement vers une sortie du CEF. John, éducateur d'internat expose lors d'une réunion clinique qu'ils « *ont su réinstaurer et renforcer le lien père/fille et accompagner Monsieur dans sa parentalité : présence, confiance envers sa fille, cadre éducatif. Audrey a repris une juste place et respecte l'autorité de son père durant les hébergements à son domicile* ». En cela, son projet professionnel s'est déployé naturellement. Son père ayant un restaurant, elle a souhaité poursuivre le projet familial engagé et s'y insérer. Associer la famille dans notre travail s'avère essentiel pour orienter la jeune vers une stratégie de désengagement. Son père semble être une personne-ressource pour travailler son discernement.

Selon les indicateurs de changement de mentalité au cours du processus de sortie de la radicalisation [1], Audrey se situe à la sortie de son placement vers un changement plutôt positif. En effet, elle présente une « *identité positive* » à travers une estime de soi plus valorisée : elle se trouve belle et prend soin d'elle, ce qui n'était pas le cas avant. Elle n'est plus dans une provocation mais dans un discours constructif et elle arrive à prendre de la hauteur face à une critique : elle développe ainsi progressivement une « *régulation émotionnelle* ». Elle est dans une démarche de reconstruction de soi, elle souhaite aller de l'avant en se projetant vers un retour chez son père : ce qui correspond au début d'une démarche de « *résilience et courage* ». Des projets personnels émergent et la jeune fille a une volonté d'agir pour elle-même, ce qui est significatif. Audrey est également en capacité en fin de placement d'expliquer qu'elle « *n'était pas d'accord sur l'acte commis par le terroriste* » et qu'elle « *avait de l'empathie pour les victimes* » mais elle reste néanmoins « *attachée à l'auteur des attentats par amour* » : elle « *donne du sens* » progressivement à sa dérive radicale et fait preuve de « *flexibilité idéologique* ». Elle a, notamment, été capable, lors de certains échanges, de déconstruire ses préjugés ou ses fausses informations.

Tous les indicateurs du changement sont opérés et en voie de développement, voire d'acquisition : ce qui parait favorable pour un retour au domicile même si le profil de la jeune reste néanmoins fragile et les relations familiales également. En effet, la relation avec sa mère est toujours désintéressée pour cette dernière, ce qui affecte particulièrement Audrey et peut s'avérer être une fragilité prégnante. Au regard de ces éléments et de sa fragilité psychologique, l'adolescente continue d'être accompagnée par le service de la PJJ jusqu'à ses 21 ans suite à une décision du magistrat.

Par ailleurs, lors d'un bilan du Plan d'Actions et d'Améliorations, l'éducateur référent de la mineure a pu expliquer qu'il a « *trouvé un cadrage rassurant pour intervenir dans les échanges avec la jeune sur ses émotions, sur la religion, etc.* » et précise qu'il ne s'est pas senti en difficulté car, selon lui, il avait acquis une certaine connaissance et un cadre d'intervention rassurant par le biais des formations, des réunions cliniques pluridisciplinaires et pluripartenariales, des ressources documentaires disponibles au sein du CEF.

---

1. Alain RUFFION, « *Méthode d'intervention en prévention des radicalisations* », Les éditions La boîte à pandore, 2018, p. 209.

5

Lutter contre la radicalisation en ligne, est-ce une tâche impossible ?

Pour une prévention humaine et citoyenne

Seraphin ALAVA
Professeur des Sciences de l'Éducation
IUFM de Toulouse le Mirail
Chercheur au centre de recherche en éducation, formation et insertion de Toulouse

Quand on parle de mondes numériques et d'adolescence il ne faudrait pas aller vite en besogne et décrire le cyberespace comme une jungle où les prédateurs n'attendent qu'une occasion pour « hameçonner » leurs proies. Non, l'Internet, les réseaux sociaux sont ce que nous en faisons et l'usage numérique prend toujours le pas sur l'offre numérique. Résumons le propos : Oui, sur l'internet il y a haine, violence, pornographie et criminalité mais aussi solidarité, fraternité, opinions politiques, débats, éducation, culture. La première question donc à se poser quand nous parlons de prévention et de discours de haine en ligne est bien celle-ci : « Que recherchent les jeunes en fréquentant ces sites ? pourquoi ? et comment ?

Depuis plus de 6 ans au sein de notre équipe de recherche PRACTICIES et plus récemment au cœur d'un projet de l'Agence Nationale de la recherche nous cherchons à répondre à ces questions. Les jeunes ne tombent pas par hasard sur ces sites, sur ces réseaux. Ils s'interrogent et ils ne trouvent pas de réponses dans la vie « textile » (matérielle) qu'ils fréquentent sans en être satisfaits.

En naviguant, en recherchant des réponses ces jeunes vont rencontrer des idéologies structurées qui on fait du Net l'instrument médiatique par excellence.

De cette rencontre entre une quête et une réponse décalée ou fallacieuse nait la « cyber-radicalisation ». Pour comprendre cela, pour anticiper cela, pour prévenir cela, nous devons agir.

L'offre extrémiste radicale en ligne

Quand on parle de prévention et de lutte contre l'extrémisme violent en ligne, on pense la plupart du temps à l'action de deux groupes djihadistes organisés (Al Qaeda, Daech) qui utilise les outils numériques pour conduire leurs objectifs criminels. Mais les groupes que nous avons à combattre viennent d'horizons bien différents et la radicalisation en ligne est largement plus ample que les phénomènes de radicalisation religieuse. Pour comprendre les différentes approches de la prévention de l'extrémisme violent, nous devons donc en premier exposer les différents types d'extrémisme que nous allons rencontrer en ligne.

1) ***L'extrémisme religieux*** *qui englobe la plupart des religions dans leurs formes fondamentalistes et intégristes. Cet extrémisme s'identifie quand des personnes croyantes rejettent des personnes qui ont, soit des croyances différentes, soit des interprétations différentes de la même croyance religieuse, soit sont athées. L'extrémisme religieux violent se développe lorsque les extrémistes estiment que la violence verbale, physique, symbolique est justifiée pour imposer leurs vues. L'Unesco (2017) et l'institut Mahatma Ghandi décrivent plusieurs extrémismes (islamiste, bouddhiste, chrétien, juif, hindou).*

2) ***L'extrémisme violent ethno-nationaliste*** *s'appuie sur une valorisation des origines et des espaces nationaux associée à des sentiments haineux à l'encontre des personnes nationales ou étrangères qui appartiennent à un groupe ethnique ou national d'origine différent. Cet extrémisme violent nativiste donne lieu à des attaques terroristes ou des actes meurtriers individuels ou collectifs. (Génocide rwandais, génocide cambodgien).*

3) ***L'extrémisme d'ultra-droite*** *s'appuie sur une conception raciale et identitaire qui pose l'homme blanc comme le supérieur. Ces groupes développent des attitudes xénophobes, identitaires, suprémacistes. Ces groupes ciblent des minorités telles que les musulmans, les juifs, les migrants, les LGBTQI+, les féministes, cet extrémisme est en fort développement aux USA, en Europe et au Canada.*

4) ***L'extrémisme racial ou REMT*** *(Racially and ethnically motivated terrorism) est une forme d'extrémisme violent qui oppose les races et qui, au nom de la défense de sa race en péril, se propose d'imposer un comportement discriminatoire conçu comme réparateur.*

5) ***L'extrémisme violent de l'ultra-gauche prend*** *souvent la forme de guérilla ou d'armée clandestine. Il est responsable dans le monde de nombreux attentats dans les années 90. Il existe encore dans des formes violentes de contestation du capitalisme et de ses effets.*

6) ***L'extrémisme violent féminicide ou anti-femme (Incels)*** *prend la forme d'une haine contre le pouvoir des femmes et contre la politique d'égalité des genres. Les groupes violents vont attaquer les femmes ainsi que les institutions valorisant les politiques de lutte contre les inégalités ou s'opposant aux droits des femmes. Ces mouvements se développent fortement aux USA sous couvert de défense d'une vision « naturelle » des genres et de la famille.*

Ces 6 groupes extrémistes violents sont plus ou moins organisés, coordonnés dans la vie « textile » mais ils ont tous des modalités communes de diffusion de leurs idéologies. Ces groupes effectuent dans le cysberespace plusieurs types d'actions qui sont cohérentes et souvent efficaces.

- *Diffuser des idéologies radicales en proposant un choix de textes, de vidéos, d'espaces de propagande.*

- *Convaincre et embrigader des personnes en ciblant les personnes sensibles à ces idées et en construisant une véritable « conversation radicale ».*

- *Propager des discours de haine extrémistes en maintenant une présence permanente sur le Net et en inondant les réseaux des arguments radicaux.*

- *Coordonner des actions virtuelles de propagande en maintenant active des équipes de trolling et des logisticiens capables d'organiser des hordes sur les cibles médiatiques.*

- *Attaquer des cibles numériques visant à disqualifier les autres modes de pensées en utilisant toutes les méthodes d'activismes politiques ou de hacking.*

Les modalités d'actions en ligne des cyber-radicaux

Les groupes radicaux exploitent toutes les possibilités du cyberespace pour diverses raisons, allant de la diffusion de récits haineux et de propagande au financement, au recrutement et au partage d'informations opérationnelles. Aujourd'hui, l'action de lutte contre le terrorisme en ligne et les actions des groupes extrémistes violents doivent prendre en compte un répertoire d'actions numériques radicales.

Slacktivisme : modalité simple de prise de position politique en utilisant des emojis anodins qui identifient les opinions des personnes (verre de lait – suprémaciste). La plupart des groupes extrémistes utilisent des images et des signes, pour se reconnaître et véhiculer leurs idées sur les médias sociaux.

Clicktivisme : modalité d'action virtuelle consistant à organiser une manifestation par clic ou j'aime ou je hais (licking) et à retweeter pour soutenir un groupe ou pour l'empêcher de parler.

Hashtivisme : modalité de prise de position numérique en incluant un hashtag dans un message. L'ensemble de ces hashtags conduit à une manifestation virtuelle.

Trolling : modalité qui consiste à participer à des forums ouverts ou des blogs politiques en initiant volontairement des polémiques dans le seul but de provoquer les autres intervenants et de générer des réactions en retour.

Facking fake nosing, sockpuppets : modalité très répandue dans les groupes extrémistes qui consiste soit à ouvrir de fausses pages internet d'une personnalité à attaquer ou de participer dans des médias sociaux sous une fausse identité (faux-nez) ou enfin à diffuser de fausses informations.

Hacktisme : modalité violente qui consiste à attaquer avec des virus, vers ou autres techniques numériques pour bloquer, détruire ou imposer des détournements des sites cibles. Le hacker d'extrême droite « ORBIT » a défrayé la chronique en Allemagne en piratant des comptes des personnalités politiques et en les diffusant.

Crowd Enabled Organization : modalité qui permet la réunion rapide de personnes ou l'organisation de modalités de rassemblement des militants. Cette technique est utilisée par les black block mais aussi par de nombreux groupes de hooligans.

Cybergraffiti : action d'hacking qui consiste à modifier le code source d'un site pour taguer des slogans politiques ou rendre le site inaccessible (récemment utilisé par Daech sur de nombreux comptes des mairies françaises)

Pishing, Hammering : modalité qui consiste à accrocher l'attention d'une victime pour la convaincre de rejoindre ou d'approuver les propos du groupe radical extrémiste.

Le processus d'accrochage radical des jeunes.

Le processus d'accrochage radical vise par un bombardement d'information, de médias et de conversation à entrainer un sujet sensible dans une stratégie discursive et d'endoctrinement qui vise à isoler le sujet, à rompre ces liens logiques, émotionnels, sociaux pour le faire adhérer aux idées extrémistes présentées comme protectrices de la personne et du groupe nouveau d'appartenance.

Cette démarche vise à séparer la personne cible de son milieu, ses amis, ses relations dans une démarche positive de sauvegarde de l'individu et de révélation d'une vérité cachée. Dans cette démarche identique à l'ensemble des idéologies radicales, les théories du complot agissent en synergie avec d'autres thèmes issus des discours de rupture qui favorisent le questionnement du sujet et sa quête d'un sens caché. L'opérateur de la manipulation construit pour chaque sujet un espace et une démarche de communication « faits main » qui s'adaptent au sujet et à la situation.

Par exemple, l'étude des scripts de radicalisation numérique montre l'existence d'une véritable stratégie de manipulation, que nous illustrons par la cible présentée ci-dessous :

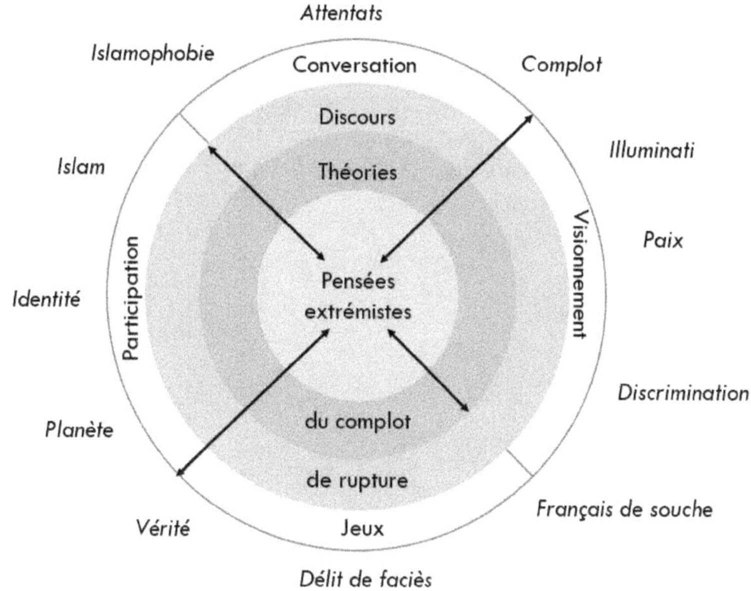

Figure 1 : Cible de l'embrigadement numérique djihadiste

S'il n'existe pas de facteurs cohérents pour expliquer la radicalisation numérique des jeunes, il existe une démarche caractéristique qui se retrouve toujours dans l'analyse des scripts.

1) Premièrement, la cible est identifiée par une expression caractérisant ses opinions, interrogations, prises de position sur le Net. C'est soit sur Twitter dans l'indexation d'un fait, soit dans un commentaire sur un site d'information ou un média alternatif, soit dans un post ou commentaire sur Facebook. Ces mots clés ne sont pas exhaustifs, mais ils marquent tous une ouverture possible à des informations centrées sur des discours de rupture.

2) *L'hameçonnage est alors possible, d'abord parce que le recruteur va retenir l'attention de l'individu par un post, un « J'aime », un soutien explicite dans un retweet, etc. L'objectif est bien d'accrocher l'attention du sujet en montrant une adhésion à ses idées. « Le message est un massage », dirait Mc Luhan. Dans cette phase, la quête essentielle du recruteur est de construire les éléments structurants de la scène médiatique qui doit servir ensuite. Il s'agit de créer une complicité, un intérêt réciproque, une attirance construite sur la valorisation du sujet cible. La scène médiatique comprend aussi une construction rituélique du*

contact, un espace de dialogue spécifique et privé qui structure la communication autour de deux pôles : le « ici et maintenant » et le « toi et rien que toi ».

3) *La conversation radicale va alors commencer et utilise de façon stratégique trois types de discours dans la démarche d'embrigadement : discours de rupture – théorie du complot – discours extrémiste. Dans le cas des non-musulmans, la conversion viendra ancrer le sujet dans une acceptation de la perte du soi pour le collectif. Les discours de rupture montrent au jeune que ses intérêts, ses indignations, ses questions sont des éléments communs à tous ceux qui, comme lui, se perçoivent comme ségrégués. La théorie du complot est toujours présente dans le script de la conversation radicale.*

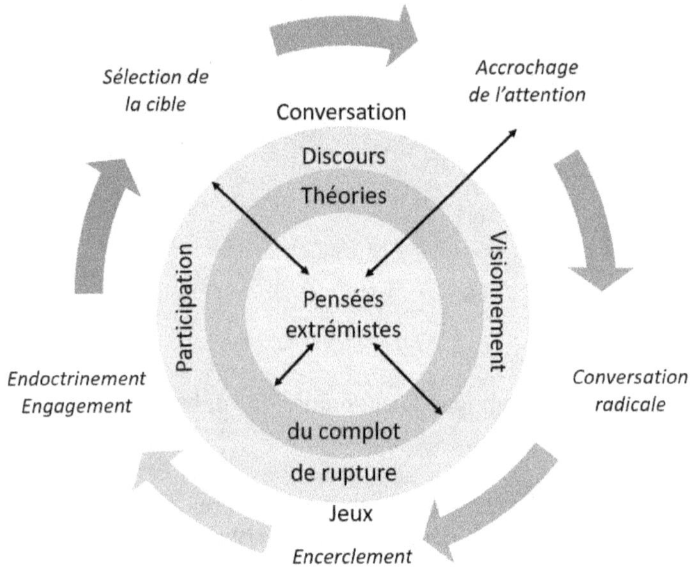

Figure 2 : Schéma de l'endoctrinement / l'engagement numérique

4) Les discours de rupture et la théorie du complot agissent donc au sein de la conversation radicale comme des opérateurs de la séparation entre un « je », identifié et victimisé, et un « nous » collectif et communautaire qui sera porté par le discours salafiste djihadiste. Les conversations radicales que nous avons recensées opèrent de façon similaire : 1 (isolement) et 2 (destruction de l'individu) du schéma d'embrigadement, préparant ainsi le jeune à la phase reconstructive du discours qui, s'appuyant sur une doxa structurée salafiste, va lui montrer la voie de la rédemption, cette dernière passant par la perte de son humanité et surtout le rejet chez les autres de leur humanité.

Les recruteurs extrémistes utilisent volontairement les réseaux sociaux et l'ensemble des dispositifs interactifs du Web 2.0 pour organiser une scène médiatique particulière permettant de construire une relation intime, secrète et durable avec le jeune, afin de le conduire vers une conversion (changement de quelque chose en quelque chose d'autre). Cette démarche n'est pas de l'ordre de l'emprise mentale, mais bien de la conversation structurée dans un jeu où le sujet est acteur, entre engagement et endoctrinement, mêlant communication et manipulation.

Comment agir pour prévenir ?

Les jeunes passent une grande partie de leur temps en ligne. Les extrémistes savent très bien comment les trouver, leur fournir une propagande à haute valeur d'influence, les approcher et les recruter activement. Devant cette capacité d'agir pour recruter et embrigader les jeunes, nous pouvons être efficaces activement en formant de nombreux animateurs de jeunesse qui assurent un point de dialogue, d'accompagnement des jeunes sensibles aux idées radicales.

L'accompagnement en ligne des jeunes sensibles aux idées extrémistes ou en voie de radicalisation a d'abord été le fait de bénévoles (parents, repentis, youtubeurs, influenceurs, association de jeunes) qui ont ouvert leurs micros et leurs pages pour diffuser des témoignages et participer à un échange humain au cœur de certains forums. Cet accompagnement en ligne humain a été structuré en Europe autour des actions des « promeneurs du Net » et aujourd'hui des Web citoyens. Un « promeneur du Net » est un professionnel (animateur socioculturel, éducateur, etc.) d'une institution publique ou d'une association agrée d'éducation exerçant dans une structure accueillant des jeunes. Dans le cadre de la mission qu'il exerce au sein de sa structure, il est mandaté par son employeur pour créer des liens avec les jeunes sur les réseaux sociaux. Le « promeneur du Net devenu web citoyen » est donc un intervenant privilégié en prévention primaire ou secondaire. Son rôle n'est pas de surveiller, mais d'assurer une présence adulte bienveillante en ligne. Grâce à ce rôle, le « promeneur du Net » peut également détecter une situation préoccupante chez un jeune (mal-être, souffrance, isolement, etc.). En dialoguant avec chacun, le « promeneur du Net » renforce le lien social et cultive l'esprit critique des adolescents face à l'information et à l'image. Son action favorise l'expression, la créativité et l'initiative des jeunes.

La prévention de l'extrémisme violent impliquant l'intervention directe de jeunes ou d'éducateurs sur le Net cherche à utiliser des activités « non directives » et « volontaires » conçues comme des espaces de dialogue, de conseil et d'intervention directe. Ces pratiques de « soft power » tentent de donner aux individus la possibilité de se désengager des influences extrémistes par des conseils, des informations permettant aux jeunes de se désengager volontairement ou de faire résilience vers des formes moins radicales et violentes d'expression.

Au-delà du travail avec les communautés locales et le soutien des individus en ligne, ces méthodes de prévention et de combat contre les extrémismes violents, ces techniques valorisent la prise de parole des jeunes.

Les éducateurs, les animateurs de jeunes sont les mieux placés pour atteindre les jeunes en ligne et pour effectuer avec eux un travail numérique efficace. En Europe, des expériences sont mises en place et ce type d'intervention est encore à son début. Ce travail ne peut être improvisé. Les expériences européennes et mondiales montrent que ce type de travail exige une maitrise des compétences professionnelles spécifiques qui doivent être acquises par la formation.

Agir dans un contexte mouvant en ligne, construire des liens avec les jeunes, participer à des médiations digitales émotionnelles demande aux professionnels de jeunesse et aux activistes de garder en tête la spécificité de leurs actions. Il s'agit pour eux de :

- *faire vivre l'échange et le débat ;*
- *aider les jeunes par l'expression afin de mieux exposer leurs idées et donc de voir les failles, les manques de leurs discours ;*
- *prévenir la violence et le basculement extrémiste par une attitude éducative non violente ;*
- *faciliter le désengagement des jeunes en impliquant celui-ci dans des actions de communication ;*
- *produire avec les jeunes des témoignages et amplifier de nouveaux récits ;*
- *renforcer le lien social entre jeunes en essayant de faire toujours comprendre que l'opinion d'une personne implique celle-ci et que la tolérance est une attitude à rechercher.*

Nous sommes collectivement devant un enjeu déterminant : le travail social, le travail d'éducation, se transporte sur le Net. La prévention des violences extrêmes doit aussi se transporter sur le Net pour construire une prévention humaine et citoyenne qui permettent d'alerter, d'accompagner, d'aider les jeunes à ne pas passer du côté des violences extrêmes.

6

La radicalisation des jeunes en France : Profil et dispositifs pratiques de prise en charge des jeunes radicalisés en prison

Assirifix ASSANDE
Diplômé en Sociologie
Spécialité « Criminologie »

La prévention de la radicalisation s'inscrit dans les nouveaux champs prioritaires de l'action publique. Suite aux nombreux attentats terroristes perpétrés sur le sol français ces dernières années, la France tend à renforcer ses politiques sécuritaires. Si les procédures judiciaires et administratives visant à encadrer et suivre les détenus infracteurs terroristes ont été renforcées, la compréhension des profils de ces détenus (radicalisés ou en voie de radicalisation) et l'adaptation du contenu de leur prise en charge présentent encore des insuffisances. Cet article a donc pour objectif de comprendre la particularité des profils des jeunes et des femmes ayant rejoint la cause islamiste radicale et de dresser un état des lieux des dispositifs actuellement mis en place par les services pénitentiaires pour optimiser l'efficacité de leur prise en charge.

L'évolution des profils des jeunes radicalisés en France

Existe-t-il un profil social ou psychologique type de l'individu radicalisé ? D'une manière générale, les études mettent en évidence la diversité des trajectoires personnelles, des nationalités, des âges, des niveaux d'études, des professions, des statuts socio-économiques, des personnalités, et des constitutions psychiques.

D'un point de vue social, on observe cependant une évolution dans le profil de ces individus. Selon Farhad Khosrokhavar (2015), avant 2013, il s'agissait majoritairement de jeunes de banlieues-ghettos défavorisées, ayant développé une haine de la France. Depuis 2013, les jeunes des classes moyennes forment, à côté des jeunes des « cités », une partie importante des djihadistes retirés en Syrie pour se mettre au service de l'État islamique (Daech) ou d'autres groupes djihadistes comme le Front de la victoire (*Jihat al Nusra*) d'obédience Al Qaida.

En ce sens, une étude de Bonelli et Carrié (2018) réalisée sur la base de 133 dossiers de mineurs en lien avec la radicalisation (apologie du terrorisme ou propos apparus inquiétants) distingue les profils « engagés » des profils « révoltés ». Les « engagés » font référence aux jeunes issus de familles stables, pour la plupart inconnus des services sociaux, plutôt bons élèves, dont les parents sont actifs, et qui tendent cependant à commettre les actes les plus sérieux. À l'inverse, les « révoltés » font référence à des jeunes plus précarisés, issus des quartiers populaires, qui pourtant régulièrement confrontés à la violence, tendent à se cantonner à des propos inquiétants.

D'un point de vue psychologique, s'il apparaît que les mineurs radicalisés les plus violents ne sont pas forcément issus des familles les plus déstructurées, il ne semble pas y avoir de profil cognitif type (Monod, 2019). De surcroît, les psychiatres et psychologues s'accordent sur le fait que les maladies mentales ne sont pas plus présentes chez les individus radicalisés que dans la population générale. En revanche, ils sont davantage susceptibles de présenter des psychopathologies de type troubles de la personnalité, ainsi qu'un fond commun de « fragilités existentielles » (Benezech, 2020) [1]. Ce constat semble logique dans la mesure où les recruteurs djihadistes s'intéressent davantage aux esprits malléables et non aux profils ingérables. La diversité des profils des jeunes radicalisés en France met en lumière la complexité de ce phénomène et souligne la nécessité d'approches différenciées. Cette observation nous amène à explorer plus avant un aspect spécifique de ce problème complexe : le profil des femmes radicalisées.

Le profil particulier des femmes radicalisées

Qu'en est-il du profil particulier des femmes radicalisées ? Le numéro vert *stop-djihadisme* recense entre avril 2014 et octobre 2015 plus de 40% de signalements pertinents concernant des femmes [2]. Le rôle des femmes dans les processus de radicalisation suscite donc un intérêt croissant. Les études récentes ont mis en lumière la complexité de leur implication et remettent en question les

1. Psychiatre et expert auprès des tribunaux (issu du rapport Psychiatrie et radicalisation, janvier 2020, p. 6), Cipdr.gouv.

2. Durand, A.-A. (Le Monde, 2015, 24 novembre). "Stop djihadisme" : 40% des femmes parmi les radicalisations signalées.

stéréotypes traditionnels. Les travaux de Smith (2017) et de Jones (2019) ont notamment souligné que les femmes ne sont pas uniquement des victimes passives, mais peuvent jouer des rôles actifs dans les réseaux extrémistes. Une des dimensions souvent explorées est l'importance du contexte social et familial dans le processus de radicalisation des femmes. Les recherches de Brown (2018) ont mis en évidence que les liens familiaux et les réseaux sociaux peuvent jouer un rôle déterminant dans leur radicalisation.

Selon Nguyen (2019), les femmes radicalisées peuvent appartenir à une large tranche d'âges, allant des adolescentes aux femmes adultes, avec des motivations et des trajectoires de radicalisation variables. Les jeunes femmes, en particulier les adolescentes, peuvent être particulièrement vulnérables à la radicalisation en raison de leur recherche d'identité, de leur besoin d'appartenance sociale et de leur exposition aux influences extérieures. Les travaux de Tanaka (2020) ont souligné l'importance de prendre en compte les facteurs développementaux et les pressions sociales auxquelles les adolescentes sont confrontées dans leur processus de radicalisation. Cependant, les femmes plus âgées peuvent également être touchées par la radicalisation, souvent en raison de changements de vie significatifs tels que le mariage, la maternité, le divorce ou la perte d'emploi. Les recherches de Martinez (2018) ont mis en lumière la façon dont ces événements de vie peuvent contribuer à leur vulnérabilité et à leur engagement dans des activités extrémistes.

D'un point de vue psychologique, les études de Johnson (2020) ont souligné l'importance des expériences individuelles de traumatisme ou de violence dans le processus de radicalisation des femmes.

En conclusion, une compréhension approfondie du profil psychologique des femmes radicalisées est également essentielle pour élaborer des approches de prévention et d'intervention adaptées à leurs besoins spécifiques. Les recherches futures devront continuer à explorer ces dimensions pour mieux comprendre les mécanismes sous-jacents à leur radicalisation et développer des stratégies de prévention et d'intervention efficaces.

L'évaluation des personnes radicalisées par le système pénitentiaire

En France, depuis 2017 [1], les autorités ont mis en place plusieurs quartiers d'évaluation de la radicalisation (QER), notamment à Osny, Vendin-Le-Veil, Fleury-Mérogis, Fresnes, dans le cadre d'une approche visant à détecter, évaluer et suivre les détenus radicalisés ou susceptibles de se radicaliser (ministère de la Justice, 2017). Les QER offrent un environnement spécifique où les détenus passent environ 4 mois, durant lesquels ils sont évalués par une équipe pluridisciplinaire comprenant des conseillers d'insertion, des surveillants, des éducateurs, des psychologues, ainsi que des spécialistes du fait religieux. Cette évaluation vise

1. Ministère de la Justice, (2017), Plan de mobilisation contre la radicalisation.

à déterminer le degré de radicalisation de chaque détenu et à évaluer le niveau de dangerosité qu'il représente (ministère de la Justice, 2019). Les méthodes d'évaluation utilisées dans ces quartiers comprennent des entretiens individuels approfondis avec les détenus, des évaluations psychologiques standardisées, des observations comportementales, ainsi que des analyses de la documentation et de la correspondance des détenus. Ces méthodes permettent d'identifier les facteurs de vulnérabilité, les croyances radicales, les liens avec des réseaux extrémistes, ainsi que les risques potentiels de passage à l'acte violent (ministère de la Justice, 2019, Évaluation de la radicalisation en détention).

Pour l'Administration pénitentiaire, cette démarche vise à démontrer sa capacité à évaluer le danger et à proposer des réponses adaptées à ces situations complexes (Pénitentiaire, 2020). Cependant, malgré les efforts déployés, il existe parfois un décalage entre la théorie et la pratique, ce qui soulève des questions sur l'efficacité réelle de ces mesures (Duclos, 2021). En 2020 [1], l'Administration pénitentiaire recensait 503 personnes incarcérées pour des faits d'actes terroristes et 758 pour des faits de droit commun mais soupçonnées de radicalisation (ministère de la Justice (2020), Chiffres clés de la Justice). Au 3 mai 2021, 469 personnes étaient détenues dans les prisons françaises pour des actes de terrorisme en lien avec la mouvance islamiste. Parmi elles, 253 étaient condamnées et purgeaient une peine à titre définitif, tandis que 162 devraient normalement sortir dans les quatre prochaines années (ministère de la Justice, Chiffres clés de la Justice, mai 2021).

Pratiques de prise en charge des radicalisés : l'exemple de la prison de la Santé de Paris

Ces données soulignent l'ampleur du défi que représente la gestion des détenus radicalisés pour les autorités pénitentiaires françaises, ainsi que la nécessité de développer des stratégies efficaces pour prévenir la radicalisation en milieu carcéral et assurer la sécurité publique.

D'une manière générale, les individus les plus violents sont placés à l'isolement. Ceux qui exercent un prosélytisme en détention ordinaire seront incarcérés dans les quartiers de prise en charge de la radicalisation (QPR), notamment à Lille-Annœullin, à Condé-sur-Sarthe et depuis mai 2019 à la prison de la Santé de Paris. Ces quartiers, totalement isolés, de 15 à 20 places, prévoient un suivi individuel afin de limiter la contagion entre détenus, bien que certains surveillants dénoncent les insuffisances en termes de moyens (manque de personnel, de formation, et de matériel) pour que ce dispositif soit efficace.

L'exemple du second quartier pour la radicalisation (QPR) à la prison de la Santé de Paris illustre ces pratiques. Après plusieurs années de tâtonnement,

1. Pénitentiaire, A. (2020), La lutte contre la radicalisation en prison : une évaluation nécessaire.

l'Administration pénitentiaire a établi un dispositif précis concernant la radicalisation. Les détenus radicalisés y sont évalués et, au bout de quatre mois, les plus dangereux sont placés à l'isolement, tandis que les moins problématiques retournent à la détention classique et les autres sont dirigés vers le QPR. Selon Ismaël Righi Belhouari, chef de la mission interrégionale de Paris de la lutte contre la radicalisation violente, certains terroristes islamistes prosélytes ont la capacité de répandre leur discours au sein de la détention, ce qui présente un risque important de passage à l'acte violent (Ducol, 2015). Dans les QPR, la sécurité est une priorité absolue. Les cellules sont équipées de mobilier fixé au sol et munies de trappes permettant aux surveillants de menotter les détenus avant de les extraire, afin d'éviter tout risque d'agression. Les mouvements sont strictement encadrés, avec un nombre limité de détenus par mouvement, assurant un environnement étanche. Malgré cette sécurité renforcée, les activités proposées aux détenus radicalisés, telles que des discussions sur l'Islam ou la laïcité avec des professionnels spécialisés, cherchent à leur montrer qu'il est possible d'avoir des convictions religieuses compatibles avec la société française sans recourir à la violence (Monod, 2019).

Actuellement, il existe cinq quartiers pour la radicalisation (QPR) en France, notamment à Vendin-Le-Veil, Osny, Fleury-Mérogis, Fresnes, et à la prison de la Santé de Paris. En outre, six quartiers d'évaluation de la radicalisation (QER) sont également en activité. Un septième a ouvert le 7 décembre 2020 à Vendin-Le-Veil dans le Pas-de-Calais, permettant d'évaluer chaque année 273 détenus pour terrorisme sur le territoire français (Psychiatrie et Radicalisation, 2020). Malgré les efforts déployés pour améliorer la prise en charge des détenus radicalisés, une préoccupation persistante concerne le suivi des terroristes après leur sortie de prison. Il est primordial d'assurer une surveillance particulière pour prévenir la récidive. Selon les estimations de la justice française, environ 40 terroristes seront libérés d'ici la fin de l'année, 64 l'an prochain, et 46 en 2022 (Bodard, 2019).

Perspectives d'optimisation des prises en charge

Pour améliorer la prise en charge des personnes radicalisées en prison, plusieurs mesures pourraient être envisagées. Tout d'abord, il est crucial d'investir dans la formation du personnel pénitentiaire afin qu'il soit mieux outillé pour détecter les signes de radicalisation et lui permettre d'intervenir de façon appropriée. Cela pourrait inclure des formations sur la compréhension des processus de radicalisation, la gestion des comportements extrémistes et la communication avec les détenus radicalisés. Il semble également essentiel de renforcer les programmes de déradicalisation et de réhabilitation en prison. Ces programmes devraient être individualisés et adaptés aux besoins spécifiques de chaque détenu radicalisé, en mettant l'accent sur la réintégration sociale, la reconstruction de l'identité et la prévention de la récidive. Ils pourraient inclure des interventions psychologiques, éducatives, religieuses et professionnelles, ainsi que des activités de désendoctrinement et de réinsertion sociale.

Par ailleurs, il est important d'améliorer la coordination entre les différents acteurs impliqués dans la prise en charge des détenus radicalisés, notamment les services pénitentiaires, les professionnels de la santé mentale, les travailleurs sociaux et les experts en radicalisation. Une approche multidisciplinaire et collaborative est essentielle pour assurer une prise en charge holistique et efficace.

Enfin, il semble nécessaire de développer des dispositifs de suivi et d'accompagnement post-libération pour les personnes radicalisées sortant de prison. Cela pourrait inclure un suivi intensif par des travailleurs sociaux, des programmes de réinsertion professionnelle et sociale, ainsi que des mesures de surveillance et de contrôle pour réduire les risques de récidive. En mettant en œuvre ces mesures, il sera alors possible d'améliorer significativement la prise en charge des personnes radicalisées en prison et de contribuer efficacement à la sécurité publique.

7

Jeunesses et radicalisations

David LE BRETON
Professeur de sociologie
Université de Strasbourg
Membre de l'Institut Universitaire de France
Membre de l'Institut des Études Avancées (USIAS)

La radicalisation est une réponse tragique et nihiliste à la question du sens et de la valeur de leur existence pour un certain nombre de jeunes qui se sentent en porte à faux avec le monde, en échec personnel ou en manque de spiritualité. Le jeune radicalisé retire un sentiment intime de force, sa fragilité se dissout dans la puissance réelle ou fantasmée de son groupe d'élection et dans la conviction d'être désormais sous le regard de Dieu. Le jugement des hommes n'a plus cours à ses yeux, ni la réprobation sociale, y compris celle de leurs proches. En abandonnant son ancienne identité, il pense participer à une aventure grandiose et collective qui magnifie sa personne, il baigne dans un monde d'évidence lumineuse, avec la conviction que ceux qui sont extérieurs à sa vision du monde sont inaptes à comprendre et composent un univers hostile d'ennemis de Dieu. Il ne s'agit pas tant d'une radicalisation de l'islam, résume avec force Olivier Roy, que d'une islamisation de la radicalité. La religion vaut surtout ici comme catalyseur d'une intensification de l'existence, d'une signification qui rend également légitime et désirable le fait de mourir pour sa foi. Ces hommes sont nettement plus adeptes du couteau ou de la kalachnikov que du Coran. Ils vivent une religion à la carte, un islam subjectif qui par ailleurs refuse le moindre débat. Leur radicalisation est un Sésame qui légitime leur existence et donne à leur haine une raison de se déployer et de les transformer eux-mêmes en héros.

Dans l'immense majorité des cas, le recrutement s'accomplit essentiellement sur le fond d'une quête de sens longtemps mis en échec, une absence de recul, et une quête de valorisation personnelle par la conviction de se rapprocher de Dieu. La réputation tragique des terroristes est paradoxalement pour eux une attraction difficilement résistible. Ils rêvent déjà de devenir quelqu'un grâce au halo de terreur dont ils espèrent jouir après leur action. La radicalisation est, d'une part, une manière de disparaitre de soi, de s'effacer dans un grand Autre et, d'autre part, de se réfugier dans un virilisme qui donne aux garçons une assurance sans appel sur leur valeur. De même, à l'époque de Daech, les filles revendiquaient un consentement à la domination masculine qui leur ôtait la peur de devoir sans cesse décider d'elles-mêmes en s'agrippant à un rôle strict d'épouse et de mère. La radicalisation durcit les stéréotypes de genre chez les garçons et les filles en leur procurant enfin la sécurité souhaitée.

La colère contre sa condition sociale, l'injustice, la discrimination n'a plus de lieu fédérateur après le déclin du mouvement ouvrier et la fin de la guerre froide. Nombre de jeunes d'origine populaire se sont coupés de tout espoir de promotion sociale, notamment en refusant l'École, ils se sont engagés dans une délinquance où ils ne brillaient guère, au regard du temps passé en prison. Mais le business qui dure, sans autre perspective et qui aboutit souvent à la prison, finit par lasser. D'autant qu'ils découvrent avec amertume que leur réputation n'a guère dépassée les rues de leur quartier, et que l'univers carcéral est propice aux humiliations et aux contraintes. La radicalisation est une manière de prendre sa revanche en revisitant son existence tout entière, en devenant un born again. Pour d'autres, souvent décrits par leur entourage comme « gentils », « doux », etc., l'adhésion comble un manque à être par le recours aux vieilles antiennes de la virilité.

Le jeune radicalisé est convaincu d'être adulé par les siens après les attentats ou envié pour sa force de caractère pour avoir décapité un prisonnier, les médias lui assurent une tribune planétaire. Il n'était rien, il pense devenir un héros, un modèle d'identification pour d'autres. Il se sent surviril, puissant, sachant qu'il lui appartient désormais de semer la mort sur son chemin, porté par la certitude d'avoir l'assentiment de Dieu.

L'immersion dans une culture masculine, sans état d'âme, brutale, avec la licence de tuer justifiée par une noble cause, est l'ultime manière de se poser en homme, de rejoindre une virilité fantasmée et informulée, quand le monde se dérobe et leur inflige une permanente leçon d'humilité. Ils veulent tuer, égorger, ceux qu'ils considèrent comme des mécréants. Ils participent à un rite de virilité avec tous les ingrédients de la puissance, y compris à l'époque de Daech, la licence de torturer, de tuer de manière épouvantable pour se démontrer leur force personnelle et propager la gloire de Dieu. Ils aspirent à absorber en eux la vénération fascinée inspirée par les grands criminels. En ce sens, Daech était une communauté soudée par la cruauté, le sentiment pour ses combattants d'être des hommes d'exception, investis non seulement par leur croyance religieuse, mais surtout par le halo de transgression qui les enveloppait, leur séparation rituelle de la communauté humaine ordinaire pour se rapprocher du divin. On comprend également que ces formes de virilisation impliquent l'émulation, c'est-à-dire la volonté de tuer plus que les autres, avec plus d'épouvante. En outre, une série d'attentats ont été commis par des frères ou des proches : amis d'enfance ou de voisinage, anciens co-détenus ou membres de la famille. Manière de se renforcer mutuellement, d'éliminer les dernières préventions pour se conduire en « hommes ». Comme souvent pour les tueries scolaires, deux garçons passent à l'acte et se renforcent mutuellement. La dyade dissout les derniers scrupules moraux. Mais d'autres sont solitaires et se laissent imprégner par leur croyance au point qu'elle devient le tout de leur vie et ils passent à l'acte convaincu que Dieu guide leur main.

Un ensemble de traits sociologiques rassemble les radicalisés qui passent à l'acte de tuer et les school shooters (les jeunes tueurs scolaires) : l'impossibilité de s'identifier aux autres, une haine farouche qui leur tient lieu d'affiliation au monde, une fascination pour l'image et le sentiment d'atteindre une sorte d'immortalité par la virulence de leur acte. Par avance, ils s'approprient le prestige de leur crime comme s'il s'agissait d'une œuvre, ils imaginent la tragédie pour les autres et en ressentent déjà la délectation. Ils anticipent l'admiration dont ils vont être l'objet. Ils vivent le massacre qu'ils entendent perpétrer comme une apothéose, une manière de tirer leur révérence en réglant son compte à une société qui ne les a pas acceptés comme ils l'entendaient. Illuminés par leur sentiment de toute-puissance, ils ne voient plus la mort comme un fait tragique et irréversible mais comme un accomplissement glorieux, soigneusement mis en scène, avec la conviction de gagner immédiatement le paradis.

Il y a dans la radicalisation une fascination sans limite pour la cruauté. Le fait de ne pouvoir un instant se mettre à la place de l'autre, tant il est méprisable à cause de sa mécréance, de sa « race », de sa nationalité, amène à le tuer sans état d'âme, avec la conviction de rendre grâce à Dieu. La différence de l'autre appelle son éradication. La conviction d'être dans la légitimité de la vengeance donne une énergie sans limite à la violence. La puissance personnelle s'affirme autant dans l'exercice de la cruauté que dans l'indifférence à la souffrance des victimes. L'horreur soulevée par les attentats, l'exécution des otages ou des prisonniers les raffermit dans leur sentiment d'exister. Plus la transgression est inouïe, plus elle est source de puissance, car plus elle est relayée par les médias, plus elle bouleverse le lien social et plus les médias confèrent une fastueuse caisse de résonance à l'acte. Ils ne cessent dès lors d'en propager l'attraction et de fournir un mode d'emploi ajustable pour les hésitants qui se morfondent dans le ressentiment de leur insignifiance personnelle et de leur échec.

Sans l'immense chambre d'écho des médias, ces actes meurtriers resteraient des tragédies locales. Mais aujourd'hui la nouvelle se répand comme une tache d'huile, ou plutôt comme une trainée de poudre, dans l'ensemble du lien social, et dans le monde entier, avec une photographie, d'innombrables détails sur le passé des tueurs, leurs motivations, mais aussi sur la progression des forces de l'ordre, les dispositifs de sécurité mis en place, comme s'il s'agissait à fois de fournir une publicité prodigieuse aux tueurs tout en donnant le maximum de renseignements à ceux qui hésitent encore à passer à l'acte. Pendant des jours nous baignons dans la zone sismique de l'acte meurtrier. Ceux qui méditent le passage à l'acte jouissent déjà du prestige qui entourera leur nom, du bouleversement social qu'ils provoqueront, des polémiques obscènes lancées par certains politiciens qui reprochent à l'État de ne pas mettre un policier derrière chaque citoyen, devant chaque magasin, chaque église, chaque bibliothèque, chaque jardin public, chaque festivité dans le moindre village, là où un tueur est susceptible de frapper, c'est-à-dire absolument partout et à tout moment. Mais il faudrait aussi un policier derrière chaque policier. Leur force est justement leur imprévisibilité. À tout instant, ils peuvent passer à une action qu'ils voient comme la seule solution à leurs problèmes. Ils sont à fleur de peau, prêts à exploser, ils sont incapables de tenir compte des sentiments des autres, mais ce qu'ils ressentent eux-mêmes est sacré.

8

Le ‘califat digital’ de Daesh : histoire, genèse et rôles

Hasna HUSSEIN
Sociologue des médias, spécialiste de la propagande djihadiste, chercheuse associée au Centre Émile Durkheim
Fondatrice-directrice de PREVA.NET
Muhammad VALSAN
Chercheur spécialiste des religions
et de l’étude des textes fondateurs
Sulaymân VALSAN
Chercheur spécialiste de la symbolique
et l’histoire en islam

Le califat : Étymologie et histoire politique

Pour pouvoir appréhender correctement les sens des mots “calife” et “califat”, lesquels ne sont que le résultat francisé de leur transcription approximative *khalîfa* et *khilâfa*, il convient donc de se référer, en premier lieu, à leur racine arabe *kh-l-f.* La polysémie de cette racine est vaste. Le verbe *khalafa* qui en est tiré signifie notamment “remplacer quelqu’un”, aussi bien dans le sens de le “représenter” que dans celui de lui “succéder”. Sous ce rapport, le titre de “calife” est donc proprement celui qui confère à son récipiendaire un rôle de “représentant” ou de “substitut”. En français, il est habituellement rendu par deux termes de sens étymologique équivalent : “vicaire” et “lieutenant”.

Khilâfa désignant le “califat” est en outre à rapprocher du nom d’action de ce même verbe à la troisième forme qui peut être *khilâf* ou *mukhâlafa.* On peut observer que seule la désinence finale, laquelle est une marque habituelle du féminin, différencie *khilâf* de *khilâfa.* Or, sous cette forme masculine *khilâf* ou son équivalent *mukhâlafa*, le mot prend tous les sens de : divergence d’avis, dissentiment, opposition, contradiction, dispute, querelle, polémique ou lutte. Tel est le ton de la réplique angélique au passage coranique relatif à la création de l'Homme en la personne d'Adam : « Je vais instituer sur terre un calife » [1]. « Y institueras-tu celui qui va la “corrompre” et répandre le sang…? » [2]. Ce que l'on peut ressentir ici comme réprobateur, semble généré par un autre sens compris dans la racine *kh-l-f*. Le “califat” (*khilâfa*) appelant une distanciation d'avec son Mandataire ne pouvait s'actualiser qu'à partir d'une tendance à la “divergence” (*khilâf*).

Dans son ouvrage, Nabil Mouline (2016) évoque une histoire complexe du califat où la religion, les théories politiques et la formation d'une justice islamique s'entremêlent sans cesse. Après la mort du prophète Mohammed en 632, le califat va structurer le système sociopolitique dans le monde musulman près de treize siècles et jusqu'à son abolition en 1924 par Mustafa Kemal (1881-1938) [3].

Malgré les transformations du califat, principalement à partir du XIXe siècle avec la montée en puissance des officiers turcs réduisant le rôle du calife à la dimension religieuse, celui-ci demeure l'incarnation de la fiction de l'unité politico-religieuse de la communauté musulmane et symboliquement une référence et un garant pour imposer l'orthodoxie et l'orthopraxie (Mouline 2016). C'est dans la première moitié du XXe siècle que l'idée de restaurer le califat originel va émerger avec, d'une part, la montée en puissance du nationalisme arabe [4] et du mouvement réformiste sous l'influence de Mohammed Rashid Rida (1865-1935) [5], d'autre part. Les conjonctures politiques et sociales du XXe siècle, notamment les promesses d'indépendance désavouées par les puissances européennes et par les échecs des projets nationalistes pan-arabes (Luizard 2015) vont accentuer l'instrumentalisation de l'idée selon laquelle l'islam est l'unique remède aux maux de la société. Cette idée est au cœur des idéologies islamistes

1. Coran, 2, 30.

2. *Ibid.*

3. Connu aussi sous le nom d'Atatürk (le « Père des Turcs »). Ancien officier d'état-major dans l'armée du Sultan, il organise en 1918 la résistance avant de se consacrer en 1923 à la modernisation de son pays.

4. Le nationalisme arabe est né dans le contexte de renaissance (« *nahda* ») dans le domaine linguistique et culturel arabe, à l'initiative de penseurs tels que Nassir al Yazigi (1800-1871) ou Boutros al-Boustani (1819-1883). Ce mouvement insiste sur l'unité du peuple arabe sans distinction confessionnelle. Ce mouvement était donc opposé dans son principe aux Turcs, et non à l'Occident.

5. C'est l'un des acteurs les plus influents du réformisme musulman à l'instar de Mohammed Abduh et Al Afghani. Il est le fondateur de la revue *Al-Manâr* (« Le phare ») qui contient l'essentiel de sa pensée. Cette dernière s'articule autour de trois éléments : 1) le dynamisme ou l'effort constitue l'essence de l'islam, 2) la capacité de l'islam à créer une *Umma* (« communauté ») et 3) le vrai islam est celui du prophète et ses compagnons (*salaf*).

notamment celles des Frères musulmans [1], du wahhabisme [2] et du djihadisme. Ainsi, le califat devient pour les djihadistes, salafistes et les partisans de ce retour fantasmé aux origines de l'islam (*'asala islâmiya*) une manifestation supposée d'union du monde musulman et, de surcroît, à une époque où celui-ci constituait un empire (Martinez-Gros, 2019).

Dans cette institution politico-religieuse, le calife est le chef suprême de tous les musulmans du monde. À ce titre, il a vocation d'être le chef d'État, le chef spirituel et le chef de guerre (Guidère 2016). Sur le plan religieux, le calife est le guide suprême de la communauté musulmane (*Umma islamiyya*) dont il doit assurer l'unité (*al wihda*). En ce qui concerne le domaine politique, le calife est en charge de l'administration et de la gestion de la Cité. Son rôle est polyvalent : « maintenir l'unité du monde islamique, assurer sa défense et son extension, préserver le dogme contre toute innovation, veiller au respect de la Loi, gouverner et administrer l'empire » [3].

Le califat dans le texte coranique

Le titre de calife *khalîfa* est d'autant plus représentatif de la Divinité qu'il est attribué à Dieu Lui-même. En témoigne une prière du prophète ainsi formulée : « *Allahumma* ! Tu es le Compagnon dans le voyage et le Calife (= le Tenant-lieu) pour la famille ». Cette prière est perpétuée par celui qui part en voyage et qui laisse aux siens Dieu comme Remplaçant et Protecteur. Elle tient compte de l'Injonction coranique : « Seigneur du Levant et du Couchant, pas de Dieu hormis Lui, prenez-Le donc comme Gérant ! » [4]. Au même titre que la royauté ou la seigneurie, le califat revient ainsi prioritairement à Dieu. Par règle de convenance et pour laisser à Dieu Seul ce qui le caractérise, le prophète n'utilisera jamais pour son propre compte ces différentes titulatures. Bien qu'il en exerçât toutes les fonctions, il préserva de la sorte son statut de pur serviteur (*'abd*) et renonça à être appelé calife, roi (*malik*) ou seigneur (sous la forme *rabb* [5]). On peut comprendre

1. Créé par Hassan al-Banna en 1928 en Égypte, ce mouvement politico- religieux prône à la fois la résistance contre la colonisation britannique et la construction d'un État islamique.

2. Ce mouvement est né en Arabie Saoudite suite à la signature du pacte de Najd en 1744, entre Mohamed Ibn abd al-Wahhab, un théologien et un émir de la famille Al-Saoud. L'institutionnalisation de ce pacte constitue l'embryon de ce qui deviendra donc le premier État saoudien. Cette idéologie correspond à une vision de l'islam qui prétend donner la primauté aux sources coraniques, à l'imitation (*taqlîd*) de la vie du prophète (*sunna*), ainsi qu'aux avis de la première génération musulmane ayant vécu dans une période considérée comme « idéale », celle de la première communauté de Médine.

3. Définition de la Larousse en ligne :
https://www.larousse.fr/encyclopedie/divers/califat/29951, consulté le 27/03/2020.

4. Coran, 73, 9.

5. Comme pour "Monsieur" valant "Mon Seigneur", on utilisa le synonyme de *rabb* qui est *sayyid* (d'où *Sîdî*) pour évoquer sa seigneurie.

aussi que le Califat appartenant fondamentalement à Dieu, le prophète et tous ceux qui ont assumé cette fonction n'étaient réellement que *Khalîfatu l-Khalîfa*, c'est-à-dire "Calife du Calife" [1].

C'est à partir de son émigration à Médine que le prophète Muhammad assuma le Califat de Dieu sur terre. Auparavant, à la Mecque, sa Mandature d'"Envoyé" (*Rasûl*) présentait une face avant tout sacerdotale. Appelé à administrer et à gérer la Cité qui l'accueillit ensuite, il devint Calife et impliqua sa Prophétie dans sa dimension royale. La première sourate qu'il reçut alors fut *La Génisse* qui non seulement mentionne le Califat d'Adam comme on l'a vu, mais qui, de plus, donne une version du début de la royauté dans l'histoire des Hébreux.

C'est ce prophète qui figure ainsi le Calife temporel par excellence devant rendre justice conformément au Droit. Les termes du verset sont assez proches de ceux qui attestent de cette même prérogative califale pour le prophète Mohammed : « Et si tu juges, alors juge entre eux en équité, Dieu aime en effet ceux qui sont équitables […]. Et ceux qui ne jugent pas d'après ce que Dieu a révélé, ceux-là sont les mécréants […]. Et ceux qui ne jugent pas d'après ce que Dieu a révélé, ceux-là sont les injustes […]. Juge donc entre eux d'après ce que Dieu a révélé et ne suis pas leurs passions au détriment de ce qui t'est venu du Vrai Dieu (ou de la Vérité ou du Droit : *al-Haqq*) » [2].

La genèse dudit califat de Daesh

Mohammed cumulait toutes les fonctions du calife sans porter explicitement ce nom. Dans le monde musulman, ils incarnent ainsi que ses compagnons (les quatre califes, sur lesquels nous reviendrons plus tard) la « communauté idéale » à suivre. En réactivant le symbole du califat, Daesh entend attirer à son profit un 'modèle' d'organisation politico-religieuse qui possède une forte charge symbolique.

La restauration de cette instance politico-religieuse par Daesh remonte en effet au mois de novembre 2006 et non pas en juin 2014 contrairement à ce que l'on trouve dans les médias mainstream. L'analyse d'une série de conférences de l'ancien « *Émir al-Mu'minîn* » (« Commandeur des croyants ») et dirigeant Abou 'Omar al-Baghdadi (à ne pas confondre avec son successeur, Abou Bakr al-Baghdadi) et de celles de son bras droit Abou Hamzah al-Mouhajer qui va jouer un rôle important dans la mise en place dudit califat nous le confirme. Ainsi, la cérémonie du 29 juin 2014 s'inscrit plutôt dans un contexte de médiatisation internationale voulue par Daesh afin d'acquérir une reconnaissance et d'accroître sa stratégie d'attraction à l'échelle mondiale mais ne constitue pas la cérémonie

---

1. Ce titre de "Calife du Calife" sera porté par Abû Bakr qui fut le premier successeur du Calife Mahomet.

2. Coran, 5, 42, 44, 45 et 48.

inaugurale de restauration dudit califat. En outre, l'analyse de ce corpus nous permet de confirmer que le projet de restaurer ledit califat existe depuis maintenant plus d'une décade ce qui permet de relativiser l'affirmation récurrente selon laquelle Daesh a réussi son projet en très peu de temps.

À l'origine du projet califal de Daesh

L'idéologie de Daesh commence à prendre forme peu de temps avant la création de son embryon en Irak. Certains théoriciens et idéologues sont moins connus que d'autres, notamment en Occident, tels Abou Bakr Naji, Abou Anas al-Châmî, Abou al-Hassan al-Falastini ou encore Abou Hamza al-Mouhajer. En février 2016, les Éditions Al-Himma (« L'effort ») de Daesh publient en arabe la deuxième édition d'un opuscule constitué de deux lettres (*rasa'el*) signé Abou Hamza al-Mouhajer. Elles ont été rédigées et mises en ligne sur le net initialement en septembre 2007 (pendant le mois de ramadan) sous le titre « *Al-Wasiyyah al-thalathiniyya li 'omara' wa jounoud addawla al-islamiyya* » (« La trentième recommandation pour les émirs et les combattants de l'État islamique ». Leur première édition remonte au mois de novembre 2010, soit quelques mois après le décès de leur auteur en avril de la même année. Pour marquer symboliquement l'importance de leur auteur dans leur organisation, Daesh a même créé un camp d'entrainement portant le nom d'Abou Hamza al-Mouhajer. Qui était donc ce moudjahid gradé ? Quel était son rôle symbolique autant qu'opérationnel au sein de l'organisation ?

Abou Hamzah al-Mouhajer, est un Égyptien diplômé de l'université islamique de Médine en sciences du hadith. Dans les années 1980, il s'engage dans l'organisation d'Al-Qaeda et devient très rapidement le bras droit d'Ayman al-Zawahiri [1]. En 2004, Abou Soulayman al-Otaybi, le juge (« *Qâdi* ») de l'organisation en Afghanistan délègue à Abu Hamzah al-Mouhajer la mission d'étendre l'influence d'Al-Qaeda dans le pays des deux fleuves (« *Bilâd al-râfidayn* »), l'Irak. C'est ainsi qu'Abou Hamzah al-Mouhajer fonde le « Conseil consultatif des djihadistes » (« *Majlis choura al moujahidin* ») rassemblant au moins sept milices sunnites irakiennes [2] (Hussein, 2019).

À la suite du décès d'Abu Moussab al-Zarqawi (1966-2006), fondateur du groupe *al-tawhid wal jihad* (« Unicité et djihad ») fondé en 2004 par Al-Qaeda pour lutter contre l'occupation américaine en Irak, le 12 juin 2006, Abou Hamza al-Mouhajer va être nommé à la tête d'une milice nommée *'Aïcha oum al-mou'minin* (« Aïcha, la mère des croyants ») pour diriger la base d'Irak. Peu de

1. Plusieurs documents en langue arabe indiquent qu'il aurait ensuite rejoint le camp d'entrainement *Al-Farouk*, importante base d'Al-Qaeda en Afghanistan en 1999, dont il devient l'un des meilleurs artificiers de l'organisation.

2. *Tanzim al-Qaeda, Saraya al-jihad, Ansar attawhid, Atta'ef al mansoura, Kata'eb al-ahwal* et *Jaysh al-sunnah wal-jama'a.*

temps après, Abou Hamza al-Mouhajer va réussir à imposer son projet de création d'État califal (« *dawlat al-khilafa* ») en Irak. Le 'cheikh' va ensuite proposer Abou 'Omar al-Baghdadi - un ancien officier de l'armée de Saddam Hussein - à la tête de son califat. Cette décision deviendra le début d'un conflit avec la direction d'Al-Qaeda, particulièrement avec son ancien maître Ayman al-Zawahiri [1].

Abou Hamzah al-Mouhajer, nommé ministre de la guerre par le caïd spirituel de l'« État islamique en Irak » (« *ad-dawla al-islamiyyah fi-l 'iraq* »), annonce dans l'une de ses conférences [2] sur le thème : *Inil hukm illa lillah,* (« La gouvernance de Dieu ») datant de novembre 2006, la restauration du « califat islamique ».

Dans la même conférence, le *khatîb* (« prédicateur »), théoricien et leader exécutif de l'« État califal » s'adresse aux musulmans monothéistes (« *al-muslimûn al-muwahhidûn* ») et aux djihadistes (« *mujahidûn* ») du monde entier : « Aujourd'hui, nous annonçons la fin d'une phase de djihâd et la naissance d'une nouvelle phase importante dont nous posons un premier élément de sa structure afin d'inaugurer le projet du califat islamique et restaurer la gloire de la religion » (traduit de l'arabe par l'auteure)

Abou Hamzah al-Mouhajer y prête ensuite allégeance à son chef « *le cheikh bienfaisant et héros courageux al-Hachimi al-Qurashi al-Husayni, Émir des croyants d'origine ; Abou 'Omar al-Baghdadi* ».

« Calife à la place du calife » [3].

Abou 'Omar al-Baghdadi est un ancien officier du parti bassiste de Saddam Hussein qui aurait rejoint l'Afghanistan en 1987. À son retour dans son pays natal, il rejoint le groupe *al-tawhid wal jihad* et participe à la bataille de Falloujah en 2004 [4] avant d'être nommé par Abou Hamza al-Mouhajer à la tête dudit califat.

Le 'guide spirituel' autoproclamé de l'« État islamique en Irak » signait alors ses conférences – toutes disponibles sur internet en versions écrites et audio – de

1. En effet, Al-Qaeda n'a jamais été d'accord sur la tactique et la politique suivie en Irak par la branche d'Abu Moussab al-Zarqawi et ses successeurs, jugée peu fidèle à l'idéologie mère. La direction d'Al-Qaeda reprochait notamment à cette politique de causer la mort de musulmans, de mener la bataille contre les chiites et les chrétiens ou encore de recourir à des opérations-suicides. Une méthode largement soutenue par Abou Hamzah al- Mouhajer connu pour sa rudesse et même sa sauvagerie attestée en de multiples occasions.

2. Entre 2006 et 2009, Abou Hamza al-Mouhajer va donner 14 conférences, disponibles en enregistrement audio et en version écrite sur lnet et rédiger 4 ouvrages, tous écrits en arabe et édités principalement par *Al-Forqân*. Ses propos se caractérisent, à l'instar des citations récurrentes de versets coraniques, de hadith et de citations de savants médiévaux dont Ibn Taymiyya, Ibn al-Qayyim ou al-Nawaoui, par un discours violent, excommunicateur, purificateur et agressif, voire même sanglant (Hussein 2019).

3. « Je veux devenir calife à la place du calife » était une phrase récurrente du personnage de bande dessinée Iznogoud créé en 1961 par René Goscinny et Jean Tabary.

4. Il existe peu de recherches sur sa biographie.

la manière suivante : « *Votre frère Abou 'Omar al-Husayni al-Qurashi al-Baghdadi* ». Ces conférences débutent par une formule liminaire récurrente : « Mot d'*Émir al-Mu'minîn Abi 'Omar al-Baghdadi, que Dieu le préserve* ». Cette formule est souvent précédée d'un verset coranique et d'un hadith, actes et paroles attribués au prophète afin de « légitimer » ses énoncés.

Un autre exemple plus récent datant la restauration du califat est celui révélé par Daesh à l'occasion de la publication sur internet de la biographie d'« *Emir al-Mu'minîn* » Abou Bakr al-Baghdadi, l'ancien leader de Daesh, en octobre 2014. Dans ce document officiel, Daesh insiste sur la légitimité de son calife et leader spirituel en précisant sa trajectoire et ses actions depuis son engagement dans l'idéologie djihadiste et surtout sur le serment d'allégeance (*bay'a*) : « Pendant cette période (la déclaration de l'« État islamique en Iraq »), il (*Abou Bakr al-Baghdadi*) faisait le tour des tribus et des groupes djihadistes (…) leur demandant de prêter allégeance (« *bay'a* ») au Commandeur des croyants - à l'époque - *Abi Omar al-Baghdadi* (…) ».

Le deuxième paragraphe révèle le processus de succession entre les deux émirs évoqués par le porte-parole de Daesh Abu Muhammad Al-Adnani.

Daesh veut aussi attribuer une lignée « prophétique » ou « califale » (« al-Qurashi » [1], « al-Hussayni » ou « Abou Bakr ») à ses leaders spirituels dont Abou Bakr al-Baghdadi qui remonte, selon sa propagande, au calife Ali Ben Abi-Taleb et son épouse Fatima, fille du prophète.

Le parcours de vie d'Abu Bakr al-Baghdadi explique probablement sa volonté de devenir calife mais, dans la réalité, les conditions nécessaires n'étaient pas réunies et on parla davantage de pseudo-califat ou du 'califat sauvage' [2].

Al-Baghdadi est né en Irak dans la ville de Falloujah le 28 juin 1971, diplômé en études coraniques. Il faisait partie d'une tribu sunnite favorisée lors du règne de Saddam Hussein et rêvait d'intégrer l'armée. Une grave myopie ne lui permit pas d'y accéder alors il envisagea des études de droit. Son faible niveau scolaire l'en empêcha et il dut se résoudre à des études théologiques. Il devient imam prédicateur de la ville de Samara, à la mosquée Ahmad Ibn Hanbal (Guidère 2016 : 23). En janvier 2004, il est arrêté par les forces américaines à Falloujah et envoyé à la prison de Camp Bucca dans la ville portuaire de Umm Qasr, à la frontière irako-koweïtienne. Sa maîtrise de l'idéologie salafo-djihadiste [3] dont il

1. En référence au rassemblement de tribus originaires Qorayshites de la Mecque qui dirigeaient la ville.

2. Pour reprendre l'expression de l'écrivain marocain Tahar Ben Jelloun (2016).

3. Les idéologies salafiste et djihadiste proviennent d'une matrice idéologique commune qui se réfère aux travaux du fondateur du wahhabisme Muhammad Ibn abd al-Wahhab. Pour les djihadistes, la « modernisation » de la doctrine wahhabite par l'État saoudien nécessite un retour aux origines, à une relecture plus littéraliste et une mise en application réelle de la doctrine salafiste (Hussein, 2016).

se revendiquait [1] va lui permettre de jouer un rôle de mentor en prison et contribuer ainsi à la radicalisation de plusieurs de ses codétenus qui vont à leur libération rejoindre la mouvance djihadiste.

Le titre et la fonction de calife lui offraient les pouvoirs politiques et militaires nécessaires pour légitimer son rôle de 'Gardien de la foi et de la justice'. Pour légitimer ce titre, des versets coraniques, des actes et des paroles attribués au prophète (hadith) et des références religieuses, notamment de l'islam wahhabite, structurent le canevas argumentatif du calife autoproclamé. Les jeunes recrues, peu enclines à étudier l'histoire de l'islam, reconnaîtront ainsi son discours et y adhèreront grâce à l'utilisation d'images savamment instrumentalisées.

Simulacre de califat par Daesh

En 2006, lorsque l'État islamique en Irak affirme avoir rétabli le califat et le réaffirme le 29 juin 2014, comme nous l'avons démontré ci-dessus, il s'appuie sur le célèbre hadith : « *les meilleures gens sont ceux de ma génération, puis ceux qui les suivent, puis ceux qui les suivent* (…) [2] ». Or, le modèle califal prophétique a été établi dans le temps par un autre hadith, compilé par At-Tirmidhi [3] et Abû Dâoûd [4]: « *Le califat durera 30 ans* [5]*, puis viendra la royauté* », c'est-à-dire peu ou prou le temps que règneront les quatre premiers califes du Calife. Ce modèle de gouvernement légitime selon la tradition islamique est reconnu par une partie importante de la communauté musulmane sunnite [6] depuis la mort du prophète. Dans les dernières décennies, le califat est réapparu comme un « mythe mobilisateur » dans l'esprit de nombreux musulmans, et surtout pour les jeunes pour qui il procure du « sens et de la liberté » (Atran 2016 : 45).

Ainsi, nous revisiterons l'histoire des quatre premiers Successeurs du prophète pour comprendre derrière la mascarade organisée par le calife autoproclamé, les différences fondamentales entre celui-ci et ces quatre compagnons majeurs du prophète telles que les décrit la tradition musulmane dans une période considérée comme l'âge d'or de l'islam dans l'imaginaire musulman.

À la mort du prophète en 632, une certaine confusion régna au sein de la communauté musulmane pour sa succession et l'avenir même de l'islam. Le

1. Abou Bakr al-Baghdadi jouissait d'une réputation d'être un savant dans la religion : d'abord influencé par les Frères musulmans, il ne tarde pas à se tourner vers le salafisme, qui le séduit par son littéralisme et son rigorisme (Guidère 2016 : 23).

2. Sahih Muslim 6472, Tome 5, *Éditions Al Hadîth*, 2012, p. 405.

3. Célèbre compilateur de hadiths dans la tradition musulmane.

4. Célèbre compilateur de hadiths dans la tradition musulmane.

5. Les 30 ans du calendrier lunaire correspondent aux 29 ans du calendrier solaire.

6. La communauté sunnite représente environ 90% de la communauté musulmane mondiale.

Prophète n'avait pas désigné formellement son successeur. Abou Bakr, compagnon du prophète de la première heure [1] - qui dirigeait, sur sa nomination, la prière des Musulmans lorsqu'il tomba malade - rappela en présence d'Omar (qui lui succèdera par la suite), des compagnons de la Mecque (*Muhajir*) et de Médine (*Ansar*), le hadith [2] : *« la fonction de présider appartient aux Qorayshites* [3] *»* [4]. Il fallait, selon lui, « *laissez le pouvoir religieux et civil aux Qorayshites, et choisissons l'un d'eux, par rapport auquel vous aurez la même position que vous avez eue à l'égard du prophète, et qui respectera vos droits et vous traitera comme le prophète vous a traités* » [5].

Il soutenait alors la nomination d'Omar quand celui-ci lui prêta allégeance, l'intronisant de fait comme vicaire du prophète. Il devint ainsi le calife du Messager d'Allah (*khalif rassul allah*), le « Calife du Calife » mais en renonçant au terme calife seul - comme le prophète son modèle l'avait fait avant lui-même s'il en exerça la fonction.

Abu Bakr, Aç-Ciddîq, chargea par ailleurs deux fidèles compagnons de missions importantes, la rédaction des écritures de la révélation par Othmân et le rôle de juge à Omar. Ils prendront par la suite sa succession. Il demandera à être enterré aux côtés du Messager de Dieu « de manière que sa tête fut à la hauteur des épaules du prophète » [6].

Lors de sa prise de fonction (634-644), Omar, surnommé Al Farouk (l'équitable [7]), ne voudra pas non plus du titre de Calife du Calife par respect pour le prophète et Abu Bakr. Il utilisera le terme de « Prince des croyants » (*Emir al-Mu'minîn*) et prendra comme secrétaires Othmân et Aly. Il demandera avant de mourir à ce que son successeur soit choisi parmi les Compagnons préférés du prophète appartenant à la tribu des Qoraysh et qu'il ne favorise pas sa famille une fois au pouvoir. Ces conflits se produiront pourtant à la fin de son mandat lorsqu'il sera assassiné par des adversaires politiques.

Sa succession sera assurée par Aly, réticent à occuper la fonction : « *autrefois, je désirais le pouvoir, mais maintenant je ne m'en soucie plus ; c'est une position*

---

1. Il fut d'après la tradition islamique le premier « homme » à se convertir à l'islam après que Khadija fut la première femme et Aly le premier enfant.

2. Parole du prophète rapportée de génération en génération puis mise à l'écrit par les théologiens.

3. Rassemblement de tribus originaires de la Mecque qui dirigeaient la ville.

4. Chroniques de Tabari, histoire des Envoyés de Dieu et des Rois, Tabari, Al Bustane, 2012, p. 565.

5. Chroniques de Tabari, histoire des Envoyés de Dieu et des Rois, Tabari, Al Bustane, 2012, pp. 565-566.

6. Chroniques de Tabari, histoire des Envoyés de Dieu et des Rois, Tabari, Al Bustane, 2012, p. 623.

7. Pour sa capacité à être juste et son absence d'émotions lors de ses jugements.

plus aisée d'être éloigné du pouvoir. Proclamez l'homme que vous voudrez, je me soumettrai à lui [1] ». En tant que cousin et gendre du prophète dont il donnera les seuls descendants mâles, la communauté musulmane voyait en lui l'homme capable de canaliser les conflits. Aly accepta la fonction à la condition que toutes les strates de la communauté le reconnaissent, à commencer par les Compagnons du prophète (*Muhajjirs et Ansars*).

Son règne se révèlera court (656-661), du fait de la remise en cause de sa fonction par le clan d'Othmân [2] qui demandait son indépendance vis-à-vis de ce successeur du prophète.

Ainsi, les quatre premiers califes, désignant les « successeurs du prophète » (Abou Bakr, Omar, Othmân, Aly), sont considérés comme quatre manières différentes d'exercer ce rôle en fonction de leurs caractéristiques personnelles, tout en reconnaissant une excellence particulière à chacun [3] d'entre eux fondée sur leurs qualités respectives. Ces quatre successeurs « Bien-Guidés » à travers la tradition islamique sont donc décrits comme des continuateurs de l'œuvre prophétique à la différence des califes suivants qui établiront des dynasties et qui seront décrits parfois comme des despotes ou des personnages plus ou moins influençables. Le commandement politique de la communauté musulmane sera leur seule fonction reconnue extérieurement. Ainsi, les califes ne serviront plus de modèle spirituel [4] et les conditions d'attributions de la fonction de calife seront établies par les théologiens et juristes musulmans à partir du Moyen-Âge.

Ainsi, on comprend l'intérêt pour Daesh d'avoir mis en avant l'appartenance d'Omar al-Baghdadi et d'Abou Bakr al-Baghdadi à la descendance des Qorayshites et à celle du prophète. Abu Bakr al-Baghdadi, chef de Daesh, comme son prédécesseur Abu 'Omar al-Baghdadi, vont en effet emprunter des éléments de référence à ces personnages traditionnellement appelés les « Bien-Guidés » (*Rashidoun*) qui règneront en se succédant dans l'ordre prédestiné. Celui-ci, en effet, veut assoir son statut en imitant les quatre califes Rashidoun, afin de revendiquer le pouvoir politique et religieux qu'ils représentaient à l'époque et d'endosser la fonction califale.

---

1. Chroniques de Tabari, histoire des Envoyés de Dieu et des Rois, Tabari, Al Bustane, 2012, p. 731.

2. Les Bani Umayya étaient persuadés qu'il avait joué un rôle trouble dans l'assassinat d'Othmân, alors qu'il avait posté ses deux fils à l'entrée de sa maison pour empêcher toute intrusion d'ennemis.

3. Les shiites ne verront exclusivement par la suite que l'excellence du califat d'Ali dénigrant toute autre forme de gouvernement n'appartenant pas à ce qu'ils définissent comme les « Gens de la maison » (famille du Prophète).

4. À l'exception de certains califes éclairés et spirituellement riches comme Omar Ibn El Aziz cité comme exception (calife omeyyade de 717 à 720) par de nombreux théologiens ou encore d'Hâroun Ar Rachid (calife abbasside de 786 à 809).

La mobilisation des symboles califaux

Daesh ne se limite pas à mobiliser l'imaginaire musulman à travers l'image des califes « Bien guidés » et successeurs du prophète mais détourne des instruments symboliques du califat afin de légitimer son projet et le recours à la violence extrême.

L'analyse des différentes conférences diffusées par *Al-Forqan* - la plus grande boîte de production de l'« État islamique en Irak » à l'époque - met en évidence trois axes conceptuels dans la conception de son 'califat sauvage' : la *ba'ya* (« l'allégeance »), la *« dawla al-islam 'ala al minhaj al-nabawi »* (« État islamique sur la voie prophétique »), la lignée « *annasab al-charif d'amir al-mu'minin min solalat ahl-l-bayt* » (« un commandeur des croyants descendant de la famille du prophète ») ainsi que deux symboles : la bannière noire (raya) et l'épée (*as-Sayf*) qui vont devenir très rapidement parmi les marques de fabrique de Daesh.

Le processus d'allégeance est essentiel dans la doctrine djihadiste. Ce processus repose sur le principe d'*al walâ'a wal barâ'a* (« l'alliance et le désaveu » [1]) détourné par Daesh afin de justifier sa violence non seulement vis-à-vis des non-musulmans parmi les mécréants (« *kouffar* »), les apostats (« *mourtaddine* »), les excommunicateurs (« *moushrikine* ») mais aussi contre toute forme d'altérité.

Dans cette logique, le mot *Barâ'a* suppose l'extermination du non-aligné, pour Daesh. Ce dernier veut à tout prix montrer que son « État » se calque sur la voie prophétique (« Attentats sur la voie prophétique » pour parler des attentats de Paris, *Dar-al-islam*). Ses productions médiatiques ainsi que celles de ses idéologues ne manquent pas de tentatives de comparaisons décontextualisées entre deux époques séparées par 1400 ans, comme nous allons le démontrer dans les prochaines pages.

Ces trois concepts constituent un triptyque essentiel si l'on veut comprendre la doctrine de Daesh ainsi que de sa propagande. L'usage de ces concepts par les premiers idéologues de Daesh depuis son implantation en Irak à l'issue de l'invasion américaine ainsi que par ses productions médiatiques diffusées notamment en arabe permet de mieux appréhender le rôle de ces concepts dans la stratégie de légitimation de son califat mais aussi de remonter aux origines de ce projet politico-religieux dans l'histoire contemporaine.

---

1. Selon l'islamologue Rachid Benzine, la notion *barâ'a* renvoie à la dénonciation, par Allah et son messager, *rasûl*, à l'égard des associateurs, *mushrikîn*, (ceux qui rendent culte à d'autres Dieux que lui) avec lesquels vous aviez (conclu) un pacte, *mu'âhada* (de non-agression mutuelle). Le verbe *tabarra'a* renvoie donc à la dénonciation officielle d'un accord conclu. Cette dénonciation est licite pourvu qu'elle soit publique et annoncée à l'avance. Cette dénonciation licite s'oppose au *naqd*, la rupture illicite des serments ou des contrats.

Le détournement de l'héritage califal

Lors de son intronisation à la mosquée de Mossoul, Abou Bakr al-Baghdadi va reprendre une formule prononcée dans un serment au 7e siècle par le premier calife Abu Bakr [1], « le Véridique » (Aç Ciddîq), afin de renforcer la similitude des deux fonctions et des deux personnages : « *Musulmans, je n'ai accepté le pouvoir que pour empêcher qu'il y ait dissension, lutte et effusion de sang. Je suis aujourd'hui, comme hier, l'égal de vous tous ; je peux faire le bien ou le mal. Si j'agis bien, rendez grâce à Dieu, si j'agis mal, redressez-moi et avertissez-moi. Tant que j'obéirai à Dieu, obéissez-moi ; si je m'écarte des ordres de Dieu, cessez de m'obéir, vous serez dégagés du serment que vous m'avez prêté* » (Tabari, 2012 : 566).

Cette logique de mimétisme s'inscrit dans le cadre d'une stratégie de détournement de l'héritage califal mis en place par Daesh (Kennedy, 2016). Contrairement aux califes, Abou Bakr al-Baghdadi, à l'instar d'autres idéologues de djihad, optera pour un « État califal ou islamique » qui passera par l'imposition de la terreur : « *l'islam n'a jamais été une religion de paix. L'islam est la religion de la guerre* ». Ainsi s'assimile-t-il à un quasi-prophète, en dressant une continuité fictive entre l'époque de la prophétie de Mohammed et la situation dans laquelle se trouvait l'organisation qu'il dirigeait.

Le meilleur moyen pour Abu Bakr al-Baghdadi de se donner une légitimité populaire était de faire croire que celle-ci l'acclamait dans une propagande soigneusement orchestrée sur les réseaux sociaux, au cœur de son « califat digital » (Atwan 2015).

Conclusion

Au-delà de la référence historique et religieuse, Daesh fait appel à une représentation très forte évoquant le califat abbasside, l'âge d'or de la civilisation islamique, qui a régné plusieurs siècles (750-1258). Sa propagande mobilise des instruments forts de cette époque dont le drapeau noir et l'épée symboles de la conquête islamique. Le recours spectaculaire à la décapitation, mis en scène dans cette propagande, renvoie également à un certain héritage des califes exigeant qu'on leur apporte la tête de leur ennemi sur un plateau (Foucher, 2016 : 26). Il est évident que la tradition musulmane à laquelle fait appel Daesh contient des éléments qui vont dans son sens à côté d'autres qui vont dans le sens opposé. En

---

1. À la mort du Prophète en 632, une certaine confusion régna au sein de la communauté musulmane pour sa succession et l'avenir même de l'islam. Le Prophète n'avait pas désigné formellement son successeur. Abu Bakr fut ainsi le premier calife du fait de sa filiation qorayshite et son engagement dans la nouvelle religion. Il fut d'après la tradition islamique le premier « homme » à se convertir à l'islam après que Khadija, première épouse du prophète Mahomet, fut la première femme et Aly, son gendre et quatrième calife, le premier enfant. Le règne d'Abou Bakr dura 2 ans (632-634).

effet, la tradition islamique ainsi que les autres traditions religieuses contiennent des éléments ambivalents et contradictoires. Ainsi, le 'califat sauvage' de Daesh se définit et se légitime comme 'islamique' principalement en détournant des symboles, codes et textes de la tradition musulmane, comme nous l'avons démontré tout au long de cette contribution.

Le 'califat digital' de Daesh s'appuie aussi sur une « remémoration constante des histoires et légendes attachées aux anciens califats, et sur l'affirmation que les puissances étrangères essaieraient par tous les moyens de contrecarrer cette renaissance [...]. Deux emphases se côtoient ici : l'idée d'une communauté musulmane qui, mondialement, serait rassemblée par la foi [...] ; une réinvention totale du califat dont les tressaillements historiques sont gommés pour en faire l'unique solution politique » (Benraad, 2017 : 66-67).

Comme le souligne bien Nabil Mouline (2016), le califat est, au final, une « fiction » (dans la conception actuelle) mobilisatrice plutôt qu'un modèle de gouvernement clairement défini. Il a servi, et sert aujourd'hui au nouveau calife autoproclamé de Daesh, Abou Ibrahim al-Hachimi al-Qurashi [1], à légitimer son action plutôt qu'à renvoyer à un modèle pur et unique qui n'a jamais existé.

La restauration de ce califat s'inscrit aussi dans une logique d'opposition entre la démocratie et le monde occidental, d'une part, et l'islam politique et le monde musulman, d'autre part : « Musulmans [...] rejetez la démocratie, la laïcité, le nationalisme et les autres ordures de l'Occident. Revenez à votre religion », a ainsi lancé l'ancien califat autoproclamé.

1. Le successeur d'Abou Bakr al-Baghdadi, tué en Syrie lors d'une attaque américaine, le 27 octobre 2019.

9

La posture éducative : un facteur clé de l'accompagnement socio-éducatif d'un public confronté aux ruptures et aux risques de dérives radicales

Sylvie LEMAIRE
Cadre en Prévention spécialisée

L'intervention, en février 2017, s'inscrit dans un contexte d'accompagnement socio-éducatif de familles et de jeunes repérés dans leurs dérives radicales. Elle s'organise et s'élabore dans un Service spécifique d'Écoute et d'Accompagnement de la région de Basse-Normandie. Elle fait suite aux constats et observations d'une équipe éducative dans le cadre de la Prévention spécialisée lors de son travail d'immersion sur le terrain auprès de populations, reléguées et disqualifiées au plan social. Elle se décline en deux types de Prévention, à savoir : primaire et secondaire.

Si la Prévention primaire a pour objet l'intervention auprès des groupes pour repérer les facteurs de risque de bascule de jeunes et leur famille dans des actes de radicalisation violente, s'en suit, à partir de différents supports, un travail de déconstruction et reconstruction de représentations sur des thématiques diversifiées, dont la pratique religieuse et l'émancipation de phénomènes d'enfermement. Sont abordés les processus d'affiliation, le repérage de points de rupture de parcours de jeunes fragilisés et vulnérables. La Prévention secondaire se déploie en tant qu'accompagnement social d'individus considérés dans leur singularité en maille avec des processus de dérives de radicalisation, selon une approche dynamique et évolutive.

Isabelle et son rêve de départ

Isabelle [1] est une jeune fille de 16 ans et demi. Elle n'est plus scolarisée depuis un an et demi, suite à une interdiction de l'établissement scolaire sur son port du voile pendant les cours. Un dispositif d'élèves décrocheurs de leur scolarité lui a été proposé au sein de son collège afin d'éviter une rupture scolaire totale. Elle parvient à s'y rendre deux demi-journées par semaine.

Isabelle s'est convertie soudainement, semble-t-il, à la religion musulmane à partir d'échanges sur les réseaux sociaux. Elle nous est adressée par une éducatrice, désorientée par le discours d'Isabelle et la formulation d'un rêve de départ vers une destination qu'elle ne nomme pas, lorsqu'elle aura atteint l'âge de sa majorité. Isabelle est accompagnée au plan thérapeutique par une psychologue d'une association spécialisée notamment sur « adolescence et religiosité ».

L'inquiétude d'une mère et un souhait d'étayage pour sa fille

Elle vit chez sa mère. Ses parents sont séparés. Isabelle est partie résider un temps chez son père dans le Sud de la France mais les relations familiales se sont rapidement dégradées. Isabelle s'est heurtée au comportement d'une belle-mère vécue et perçue comme irascible et dénigrante. Elle relate avoir été désignée à la troisième personne du singulier, malgré sa présence, incapable d'être nommée et, par conséquent, d'être reconnue comme sujet désirant.

Sa mère fait la demande auprès de notre service en vue d'un étayage pour sa fille et de la crainte de la voir partir. Sa fille émet le projet d'interrompre totalement son cursus scolaire pour se marier, avoir des enfants et ne pas travailler hors du domicile. Ses loisirs semblent se recentrer autour de rencontres en réseau. Elle sort peu, sauf avec sa mère ou avec quelques jeunes femmes rencontrées sur les réseaux sociaux. Toutes sont converties à la religion musulmane.

Le temps d'une première rencontre

Le service propose une première rencontre au domicile maternel. Isabelle est une jeune fille diaphane, aux cheveux blonds. Elle parle peu et arbore un sourire effacé. L'objet de ses inquiétudes est l'arrêt de la scolarité de sa fille. Son discours est fluide, apaisé, éloquent. La religion n'est pas évoquée hormis pour évoquer l'interdit du voile alors qu'Isabelle fréquentait ses cours de façon assidue. La création de liens avec Isabelle semble relever d'une gageure car elle n'adresse aucune demande d'accompagnement socio-éducatif. Isabelle nous parait limitée dans son épanouissement.

1. Le prénom est modifié par respect de la confidentialité.

L'amorce d'une relation de confiance

Quelques entretiens se succèdent. Isabelle honore la plupart des rendez-vous avec une éducatrice de l'équipe. Les lieux de rencontre sont choisis d'un commun accord, dans des lieux publics. Isabelle n'est pas une jeune fille composite. Elle dit oui à tout ce que l'éducatrice lui propose individuellement, mais refuse de participer à toutes les actions collectives, dans le rejet de catégories de populations adolescentes. En cela, notre objectif est de favoriser son ouverture sociale en tant que déplacement de son univers de référence. Créer des réseaux relationnels propices à la faire entrer dans un répertoire symbolique. Un travail de lien est engagé pour créer une relation de confiance et panser des traumas où elle relate l'expérience de discriminations, inter et extrafamiliales.

Une posture éducative suffisamment adaptée

Agir comme levier d'ancrage dans la réalité sociale.

Isabelle émet le souhait de faire un stage dans une pouponnière pour aider les enfants « qui souffrent et sont sans parent ». Elle souligne son sentiment d'injustice dans un fondement énoncé par F. Khosrokhavar, sur une « absence d'horizon d'espérance » au niveau social, mais aussi culturel [1]. Pour ce faire, elle veut développer un sentiment d'utilité et d'efficacité sociales.

Nous tentons d'identifier ses repères identitaires, en vain. Elle développe au fil du temps des stratégies d'évitement de tout groupe. Elle revêt un nouveau mode de vie et des tenues vestimentaires où elle dissimule son corps et gomme ses contours.

Les actions éducatives proposées ont pour objectif de la valoriser socialement, développer son sentiment d'utilité hors d'épisodes de souffrance qui nous semblent la conforter dans des processus d'enfermement, d'isolement, en lien peut être avec son souhait de voyage pour des horizons qu'elle juge, peut-être, meilleurs ? L'aider à créer des univers de référence différents de son groupe d'appartenance, que nous ignorons, et cette possible bascule dans des passages à l'acte la conduisant vers des dérives radicales. Nous lui proposons ainsi de l'initier à des soins équins car elle parait attentive au monde animal. Elle adhère et refuse de pratiquer un cours d'équitation.

La perception d'une emprise

La préparation de la rentrée scolaire d'Isabelle s'avère compliquée au niveau des démarches administratives. Elle envisage d'effectuer une formation dans le domaine de la petite enfance. Les démarches se heurtent au montage financier. Le

1. Khosrokhavar, le « héros négatif », 2015.

dossier est ficelé et bouclé mais Isabelle exprime soudainement le souhait d'effectuer un CAP pâtisserie.

Nous soulignons une nouvelle rupture de parcours et peut-être une emprise où elle trouve un pouvoir d'action et ne peut désirer quelque chose de possible. Le but de l'emprise idéologique visant notamment à annihiler toute singularité chez l'individu dans une fusion avec un groupe et le renforcement de son isolement. Un possible départ vers des projets à couverture humanitaire est-il envisagé, comme ultime recours à une soif d'utilité sociale et un besoin de reconnaissance à jamais épanché ?

Isabelle exprime soudainement le souhait de participer à un groupe de tricot. Nous interrogeons ce loisir pour tenter de donner du sens au maillage à l'envers et l'endroit. Sa thérapeute nous oriente dans la compréhension des ruptures de parcours d'Isabelle. Elle nous informe avoir vu pour la première fois une lumière dans les yeux d'Isabelle, lors de son projet de soins équins.

La mère d'Isabelle parvient à lui trouver deux stages, mais avec conventionnement sur un dispositif. Après en avoir échangé avec sa thérapeute, nous convenons de ne pas l'y inscrire afin de ne pas renforcer un éventuel échec ou sentiment de discrimination ou attiser quelque chose d'autre, au risque d'enclencher une nouvelle rupture de liens et précipiter le départ prévu à sa majorité.

Ainsi dans une première lecture de la situation d'Isabelle, nous veillons à ne pas renforcer les effets de polarisation sociale en évitant donc de mettre la focale sur sa conversion et le port du voile.

Une posture éducative ajustée

Ici, la démarche d'accompagnement éducatif s'ajuste dans un espace-temps remanié. L'éducateur signe un état de passeur où la substance de son travail, social et éducatif est la relation de confiance. Il accompagne le sujet dans ses élaborations tout en évaluant les risques de l'entendre ne pas basculer dans des passages à l'acte vers des dérives radicales. Aider les parents à raconter leur histoire, leurs pratiques culturelles, leurs traditions et leurs croyances pour apporter des repères à Isabelle dans la construction de sa filiation. C'est ainsi lui permettre de s'enraciner dans une histoire qui fait sens. Un travail de cohésion avec les thérapeutes en lien avec les problématiques des publics fragilisés par des dérives radicales s'avère nécessaire à la prise en charge du public. Le but étant de permettre à ces jeunes de se désengager des logiques pouvant conduire à des expressions violentes repérées par les institutions (discours de haine, conduites racistes, positions anti-démocratiques…). Dans la mesure où le professionnel sait redonner de la complexité à une situation rendue trop souvent simpliste et caricaturale, de nombreuses pistes et principes de travail en vue d'un changement peuvent devenir salutaires : Favoriser /l'inclusion sociale et la cohésion des territoires, développer des liens sociaux pour faire société, rechercher l'adhésion des familles et des jeunes à l'accompagnement proposé et surtout contribuer à l'épanouissement des jeunes dans l'optique de les aider à être des adultes en devenir, responsables et émancipés dans leurs choix de vie.

10

La radicalisation violente : du verbe à l'action

Senoussi BENMOHAMED
Doctorant en Psychologie Sociale
Université Grenoble Alpes
Attaché Temporaire d'Enseignement et de Recherche
Université de Bretagne

La radicalisation violente : comment la saisir pour mieux agir ?

Toute compréhension se construit sur un support linguistique qui lui confère une identité censée la porter, la manipuler, et la protéger. Le langage devient ainsi un élément constitutif de l'Homme, accompagnant son développement et son évolution. Cette importance est accentuée par le fait que son usage peut être double : à bon ou à mauvais escient, contribuant ainsi au malheur du monde le cas échéant, selon les dires d'Albert Camus. Notre intérêt est dicté par ce souci de bien saisir, linguistiquement, le phénomène de « la radicalisation violente », dans le but de s'assurer que tous les regards vont dans le même sens. Les implications sont majeures quant aux divergences d'acception et de représentation de cette thématique autant toute naissante et fragile que complexe et tentaculaire. Ces particularités en font un sujet trop peu investi intellectuellement, et de surcroît, marqué par une absence de consensus. Ce constat peut sembler inquiétant au regard d'un traitement médiatique et politique, souvent dépourvu de toute rigueur scientifique. Les conséquences ne peuvent que concourir ainsi à une incompréhension persistante.

Ontologiquement...

Du point de vue étymologique, c'est durant le XVe siècle que le terme « radical » apparaît, découlant du latin classique *radix*, dans le sens de racine. La forme verbale « radicaliser », fait son apparition vers 1845, et renvoyait à ce qui « rend plus fondamental, plus extrême » [1]. Selon le Larousse, c'est l'action qui se rend plus intransigeante, plus dure, particulièrement dans la sphère politique et sociale (2020). La radicalisation violente, quant à elle, est définie comme : *« le processus par lequel un individu ou un groupe adopte une forme violente d'action, directement liée à une idéologie extrémiste à contenu politique, social ou religieux qui conteste l'ordre établi sur le plan politique, social ou culturel »* (Borum, 2011). D'après Gielen (2008), le phénomène est défini selon un triptyque : une dimension temporelle s'inscrivant sur une longue durée ; une structuration hiérarchisée dans la mesure où elle peut être portée par différents types de groupes : générations, coreligionnaires, etc. Le troisième élément renvoie à la nature multiforme du fait de la diversité des sensibilités la constituant et la légitimant : d'ordre politique, religieux, notamment. Le rapport sur la prévention contre la radicalisation menant à la violence (CNCDH, 2017) stipule que la radicalisation se traduit par la combinaison de trois éléments : se prévaloir de la vérité absolue ; une désapprobation de la pluralité et, enfin, le fait de déshumaniser tout individu qui ne relève pas du même cadre référentiel que le radicalisé, le considérant comme pécheur. Pour d'autres acteurs, relevant de l'appareil sécuritaire, la notion de radicalisation violente n'est qu'une sous-catégorie de la criminalité. Les programmes mis en place pour lutter contre cette dernière sont répliqués de fait pour la radicalisation violente (United Kingdom's counter-terrorism strategy to stop people becoming terrorists or supporting terrorism « PREVENT » en Grande Bretagne).

Ce cadre définitionnel ne met néanmoins pas à l'abri d'un usage qui peut se révéler équivoque. Les linguistes parlent de « mot bateau », ou de « mot valise » du fait que ce dernier indique à la fois un sens et son contraire. Face à cela, nous proposons une approche sur deux plans. Celui de la radicalisation en tant que positionnement idéel, en l'occurrence une réflexion qui tire vers l'extrême. À ce niveau, Gandhi était au même titre radical que Hitler, dans la mesure où l'un comme l'autre, ont développé des idées qui étaient considérées comme à la marge de ce qui était commun dans leurs environnements respectifs. Le second plan est celui du passage à l'acte violent, sanguin, etc. Autrement dit, ce qui est relatif au mode d'expression qui porte ces idées radicales. Là aussi, il est à distinguer deux typologies. En effet, le recours à la violence d'un peuple colonisé à l'égard de son oppresseur est diamétralement opposé à la violence dont ce dernier en fait usage pour assoir son pouvoir et le perdurer. Les deux antagonistes sont dans une logique de radicalisation violente mais sur le plan humain, éthique et moral, ils sont aux antipodes l'un de l'autre. À ce degré d'analyse s'ajoute le fait que les ressources lacunaires d'études empiriques traitant la radicalisation violente font d'elle une terre mal connue, source d'inquiétude, de spéculation, d'imagination.

1. Commission Nationale Consultative des Droits de l'Homme [CNCDH] (2017). Avis sur la prévention de la radicalisation.

Cet état de fait implique une sémantique loin d'être unanime et équivoque. Plusieurs termes de substitution naissent par conséquent ici et là pour combler ce vide langagier.

Des nuances définitionnelles ont été mises au jour entre radicalisation, extrémisme violent, terrorisme, fanatisme, voire d'un radical commun : radicalité, radicalisme, radicalisation (Galloro, 2019). Le sens propre étant insaisissable, cela peut entrainer un recours à des appréciations subjectives, puisées dans un certain nombre de relais médiatiques et de politiques [1]. L'idée peut être défendue par le fait que la fréquence d'utilisation d'un mot, teinté d'une connotation négative ou péjorative, ne peut qu'aggraver la situation en tensions. Dans une étude portant sur trois médias français (Le figaro, Le monde et Libération) couvrant la période de 1997 à 2015, il s'avère que les mots « islam » et « musulman » figurent parmi les 16 mots les plus utilisés et largement négativement connotés dans les formules adjectivales (Bourekba, 2016). En somme, l'absence de consensus linguistique académique laisse place à des interprétations relevant d'impressions individuelles (El bahar, 2019).

Malgré tout, comment faire sans consensus ?

Le premier réflexe qui nous paraît judicieux d'adopter est d'aplatir déjà les reliefs donnés à tort à des notions et concepts qui traitent du sujet de la radicalisation violente. Bien saisir les nuances d'une question donnée, c'est augmenter les chances d'avoir une réponse appropriée et ciblée. Les nuances et les particularités de notre sujet de recherche se situent à plusieurs niveaux : « Il y a une coresponsabilité interinstitutionnelle à ne pas avoir su ou voulu traiter des situations particulièrement problématiques sur les plans psychosocial et affectif, mais également sur les plans du politique, des systèmes de socialisation, sans oublier les dérives libérales, les erreurs stratégiques et formes d'impuissance sur le plan géopolitique » (Abdellaoui, 2016). Il est primordial ainsi d'approcher la prise en charge des radicalisés violents de façon holistique tout en prêtant attention à ce qui relève de l'individualité de chaque sujet. Le « radicalisé violent » doit ainsi être abordé dans sa totalité avec tout ce qui reflète son identité sur le plan culturel, sociétal, convictionnel, etc. « *Ce qui est pour toi de la radicalisation est ma religiosité consciencieuse* » (CNCDH, 2017), c'est avec ces mots qu'on a répondu à l'un des intervenants policiers. Cet exemple met en exergue l'importance d'une longueur d'onde égale pour une meilleure compréhension. Tous les intervenants sur la radicalisation violente s'accordent à dire que la qualité du lien avec l'individu est vitale. Tout affaiblissement, toute faillite sont fatals. Les

1. Notons aussi que, s'agissant de la production scientifique concernant ce phénomène, un intérêt significatif a été relevé, passant de 3% (entre 1980 et 1999 dans *Terrorism and Political Violence ; Studies in Conflict and Terrorism*) à 77% (à partir de 2006) ; (RRMRDJ, 2017).

intervenants sont les derniers remparts pour contrecarrer ou au pire, réparer des conduites et des actes jugés asociaux.

À l'image d'une prise en charge médicale, où la qualité du diagnostic détermine l'efficacité de l'action thérapeutique, un bon diagnostic de la radicalisation violente passe avant tout par une maitrise de la terminologie qui la porte. Contenu et contenant doivent répondre avant tout à une logique linguistique. La première référence doit être de cet ordre-là pour la simple raison : c'est la spécialité scientifique qui est la plus à même à mieux servir « le verbe ». En substance, nous renvoyons à tout ce qui gravite autour : philologie (analyse critique des textes écrits d'un point de vue historique), codicologie (étude des manuscrits), notamment. Cette première étape passée, il reviendra aux différents acteurs et intervenants de s'assoir autour de la même table, chacun apportant sa lumière sur la question de la radicalisation violente, une lumière par nature partielle. La transdisciplinarité augmentera les chances que le lien avec le sujet radicalisé violent soit de meilleure qualité étant donné que l'« objet humain » étant *de facto* multidimensionnel (biologique, psychologique, sociologique). Le tout pour que cette qualité soit entretenue et développée par une prise en compte individualisée. En guise d'exemple, citons la prise en compte de l'acculturation dans le traitement et la prise en charge des radicalisés violents. Il serait plus fécond et pertinent d'ajuster les approches sur la base de ce qui peut relever de la culture mère (ou première) et la culture seconde, voire deuxième dans le cas où il y aurait plus. La sensibilité n'étant pas la même, la perception, et donc la réaction ne le sera sans doute pas aussi. Si les points connecteurs ne sont pas bien ciblés, cela affaiblira le signal. Le revers de cet exemple dévoile l'implication intrinsèque de la variable linguistique dans cette perspective. S'il est admis que l'appropriation du langage des jeunes est primordiale pour une meilleure communication avec eux, cela sera d'autant plus vrai s'agissant des jeunes bilingues.

Nul doute que la prise en compte de ces sensibilités contribuera à diminuer le risque d'échec des plans d'actions de prévention et de prise en charge. Il convient donc d'agir sur l'un des angles morts qui rendent particulièrement difficile la compréhension de ce phénomène. Sa conscientisation tant du point de vue des chercheurs que de celui des professionnels de l'éducation spécialisée doit être une priorité et constituerait un pas significatif vers un traitement plus efficient.

11

Réflexion sur la place des facteurs familiaux dans les processus de radicalisation

Rachel SARG
Maitresse de conférences en Sociologie
Université de Lorraine

S'il existe une tendance dominante partagée par la majorité des travaux portant sur les phénomènes de radicalisation c'est bien la variabilité des parcours expliquant les raisons de l'engagement : les personnes radicalisées ne sont pas conformes à un profil type. Les recherches les plus récentes, qui ont porté leur attention sur les mécanismes en tentant d'élaborer des modèles explicatifs de la radicalisation, aboutissent au même constat de l'absence de caractéristiques similaires généralisables et mettent ainsi en lumière la multiplicité des facteurs et des profils en présence (Hecker, 2018 ; Bonnelli, Carrié, 2018 ; Crettiez, Sèze, 2017 ; Gill, Horgan, Deckert, 2014). Mais qu'en est-il de l'influence de la famille sur les processus de radicalisation ?

L'influence du milieu familial sur les parcours de radicalisation

Malgré l'hétérogénéité des parcours de radicalisation, il est possible d'identifier des éléments communs en matière d'attitude, de traits de personnalité ou encore d'antécédents familiaux. En effet, les nombreux parcours des individus qui sont entrés dans un processus de radicalisation font parfois apparaître un milieu familial insécurisant, déstructuré, traversé par des conflictualités et quelquefois de la violence. Il est régulièrement fait allusion à « l'absence des pères », au « milieu familial chaotique », aux « familles éclatées » et « défaillantes » comme caractéristique de leur environnement familial. Notre participation au dispositif bas-rhinois de cellules départementales de suivi pour la prévention de la radicalisation et l'accompagnement des familles (circulaire du 29 avril 2014) permet de confirmer la présence de carences éducatives et affectives dans une majorité de dossiers de mineurs suivis après un signalement. Ces éléments constituent souvent l'un des seuls points communs relevés par les différents professionnels amenés à prendre en charge et suivre ces jeunes notant « une récurrence extrêmement forte des difficultés familiales et parentales [1] ».

Toutefois au même titre que la tentative de compréhension de l'engagement violent à travers des variables et des causes objectives, comme le niveau d'instruction, qui s'est avérée être un échec ne pouvant à lui seul expliquer la radicalisation, le facteur familial n'est pas plus déterminant. De nombreux exemples, parfois médiatisés, ont d'ailleurs pu illustrer les dynamiques de la radicalisation à contre-courant de l'image type de l'individu issu d'une famille pauvre, déstructurée et violente. On assiste parfois même à des résultats contre-intuitifs comme le fait que les actes les plus dangereux, dont les départs vers les zones de guerres ou les attentats, soient perpétrés « *par ceux qu'on attendait le moins* » c'est-à-dire par les jeunes issus de familles stables et bons élèves (Bonelli, Carrié, 2018, p. 201).

Délinquance et déstructuration familiale

Dans ce cadre, le champ que constituent les études de la délinquance est instructif. Depuis de nombreuses décennies, les chercheurs ont tenté d'identifier les facteurs explicatifs de la délinquance et en particulier le rôle décisif de la famille. Citons quelques exemples : les travaux sur les difficultés d'ordre socio-économique et culturel (LeBlanc, McDuff, Kaspy, 1998), sur la structure familiale (Wells et Rankin, 1985 ; Von Voorhis et al. 1988) ou encore l'activité professionnelle des parents (Roché, 2000). Ces études partagent le constat que les variables « objectives » ont peu de poids significatifs et ne constituent pas des facteurs prépondérants dans les mécanismes de la délinquance juvénile. Au final, peu importe que les parents soient mariés ou divorcés, qu'ils partagent l'autorité parentale ou non, que l'on soit en présence d'une forme de dissociation familiale marquée par l'absence de l'un des parents, « c'est en termes de dynamiques relationnelles que doit être analysée la part que la famille prend éventuellement dans la fabrique de la délinquance » (Muchielli, 2001), conclusion à laquelle on pourrait rajouter « la fabrique de la radicalisation ». Les réponses seraient à chercher davantage dans la dynamique des rapports et leur dimension subjective. La famille étant avant tout un système relationnel fait d'échanges et d'interactions. Ainsi, des études ont identifié les liens entre la qualité des relations parents-enfants et l'émergence de conduite délictueuse, notamment le déficit d'attachement aux parents marqué par le sentiment d'indifférence ou le rejet de l'un ou l'autre parent (Glueck, 1950 ; LeBlanc et Ouimet, 1988). Ces éléments semblent corroborer les études les plus récentes sur les parcours de jeunes jihadistes où

1. Présentation du dispositif « Prévention de la radicalisation violente », Plan d'action Strasbourg Eurométropole, 2017.

beaucoup témoignent d'une identité en rupture avec leur famille et ses valeurs. Ainsi les auteurs du rapport sur les mécanismes de la radicalisation violente concluent au terme de l'analyse des trajectoires biographiques de vingt jihadistes, par la non-pertinence de la structure familiale dans les facteurs clés de la radicalisation violente : « il s'agit d'abord de la déstructuration enfantine, c'est-à-dire le fait d'avoir subi de mauvais traitements enfant, une précarité excessive ou un sentiment de désamour particulièrement fort. Ce cas se retrouve uniquement chez quatre acteurs jihadistes alors que les neuf autres affirment pour la plupart avoir eu une enfance sans souci et parfois même très heureuse. Les jihadistes ne sont pas de grands traumatisés dont l'engagement relèverait davantage de la psychiatrie ou de la pathologie » (Crettiez, Sèze, 2017, p. 89). Notre recherche sur l'adhésion religieuse en prison (Sarg, 2014) permet d'obtenir le même type de conclusion lorsqu'on étudie le parcours familial des individus engagés dans un processus de radicalisation : tous n'ont pas fait l'expérience d'un environnement familial déstructuré.

Influence directe et indirecte

Par ailleurs, il est nécessaire de distinguer l'influence directe et indirecte des proches. La première peut se matérialiser par la transmission de certaines valeurs et croyances ou par des comportements antisociaux. L'influence indirecte, quant à elle, intervient lorsque le contexte familial est marqué par une instabilité, des conflits, de la violence ou par la perte physique, sociale ou symbolique de l'un de ses membres. Il s'agit principalement de climats familiaux que l'on peut qualifier de « fertiles » à une potentielle radicalisation. Les travaux de Maleckova (2005) et Silke (2008) n'ont par exemple pas mis en évidence de lien entre le milieu familial marqué par la pauvreté ou la privation et l'appartenance à des organisations extrémistes. La plupart des recherches montrent que globalement les parents ne servent pas d'exemple à leurs enfants (mais plutôt de contre modèle), qu'ils sont peu au courant de la radicalisation de leurs enfants et que la plupart ne les soutiennent pas dans leur parcours de radicalisation (Sieckelinck et de Winter, 2015).

Il convient donc de ne pas généraliser ces facteurs notamment en l'absence de statistique fiable menée à grande échelle et dans différents contextes. La radicalisation relève de mécanismes complexes qui ne se laissent pas saisir par des explications monocausales et déterministes. D'autant, que de nombreux individus dont les parcours sont émaillés de difficultés familiales et de manques ne sont pas entrés dans un processus de radicalisation. Il reste qu'une certaine disponibilité biographique peut faire écho à ce type d'engagement et le favoriser sans pour autant établir un lien mécanique entre difficultés familiales et radicalisation.

Mais qu'en est-il de l'influence de la famille dans la déradicalisation ? Quelle est l'importance de l'implication des membres de la famille et de l'entourage dans la réintégration ? Là encore, si les preuves empiriques demandent à être stabilisées et généralisées, les premiers résultats portant sur la réintégration des terroristes ont permis de mettre en lumière le rôle des liens positifs avec des membres de la famille non radicalisée (Altier et al., 2014) offrant la possibilité aux personnes de repenser leurs croyances et de les mettre à distance. Cependant, cette influence interviendrait dans un second temps et ce qui semble primordial au demeurant est un arrêt volontaire ou involontaire (arrestation, incarcération) du soutien à un groupe et à une idéologie radicale. Dans ce cadre, la recherche de Sikkens et al. (2017) permet de préciser les liens qui existe entre ces protagonistes : les parents auraient eu peu d'influence directe sur le processus de déradicalisation ou de désengagement, mais une influence plus latente. Les auteurs ont mentionné que les contre-arguments donnés par leurs parents ont été mémorisés et utilisés une fois qu'ils ont commencé leur processus de déradicalisation. De plus, les membres de la famille étaient disponibles pour soutenir le changement qui est venu des individus eux-mêmes. Enfin, d'anciens radicaux ont déclaré que le soutien apporté par leurs parents pendant leur processus de déradicalisation leur a été utile.

Pour conclure, les programmes de déradicalisation ou de désengagement les plus ambitieux ont montré que ce qui est primordial est ce qui se passe une fois la personne sortie de prison (et non pas ou peu ce qui se passe avant). Ainsi, les valeurs et les liens acquis en prison, par exemple, semblent moins déterminants que le renforcement des lieux sociaux qui permettront à quelqu'un de rester dans sa communauté et son environnement pour peu qu'ils ne soient pas « radicaux ». À côté des motivations de l'individu, il est nécessaire de considérer les conditions du retour dans la société, car si les facteurs mêmes qui ont favorisé l'adhésion et le ralliement à une idéologie extrémiste (chômage, sentiment de discrimination, relégation, etc.) persistent, la réintégration et le désengagement seront d'autant plus difficiles à mettre en œuvre.

12

Le retour des femmes et des enfants du Djihad : entre devoir moral national et méfiance résiduelle

Sid ABDELLAOUI
Professeur de Psychologie
Université de Lorraine
Psychocriminologue
Expert auprès des Tribunaux
Chercheur au CERDAP2, Université Grenoble Alpes

Plusieurs années après les premiers attentats de 2015, la France se trouve confrontée à l'enjeu du retour des combattants ayant fait allégeance à l'État islamique notamment ou de leurs proches. En même temps, de nombreuses questions se posent quant aux motifs de leur projet de retour et à leur sincérité à vouloir « de nouveau » se conformer aux lois et principes de la République. D'autres concerneront le contexte et le discours sociopolitiques ambiants dont il est difficile de se départir. *Ainsi, dans quelle mesure ces citoyens sur la voie du retour et concernés par cette réintégration sur le sol français, en particulier les femmes et les enfants, peuvent-ils retrouver une vie normale tout en préservant la sécurité et l'ordre public ? En quoi le positionnement du professionnel et sa conception de la cité peuvent-ils orienter sa stratégie, consciemment ou non consciemment ?*

Depuis 2014 et la circulaire du ministère de l'Intérieur du 29 avril 2014 [1] portant sur la prévention de la radicalisation et l'accompagnement des familles, les dispositions législatives et autres plans de lutte anti-terroriste n'avaient cessé de se multiplier suite aux constatations officielles de départ vers les théâtres de guerre en Irak et en Syrie. Les instances nationales ou locales dédiées à ce phénomène, nouveau par l'ampleur et l'imprévisibilité de la menace, se sont

---

1. https://www.citoyens-justice.fr/actualites/circulaire-relative-a-la-prevention-de-la-radicalisation-et laccompagnement-des-familles.html.

multipliées (CIPDR, UCLAT, CNAPDR...). En Europe, la France comptait le plus grand nombre de prétendants à s'être expatriés pour combattre aux côtés de Daech ou d'autres organisations islamistes telles que le Front al-Nusra ou Al Qaida. Selon les chiffres du centre d'analyse du terrorisme [1], parmi les 4 500 ressortissants d'Europe de l'Ouest, ils étaient plus de 1400 Français à rejoindre la Syrie ou l'Irak. Parmi eux, plusieurs dizaines de mineurs se sont ou ont été expatriés avec ou sans parent, volontairement ou sous la contrainte, dans la perspective d'être aux côtés des combattants djihadistes depuis 2011. D'un côté comme de l'autre, les justifications pouvaient, à tort ou à raison, revêtir une légitimité (Retchman, 2019). Ainsi, pour les candidats au jihad, elles sont, dans la plupart des cas, ouvertement liées à un combat idéologique. Il s'avère néanmoins, au regard des nombreux travaux scientifiques publiés depuis, que celui-ci est sous-tendu par l'un ou l'autre des ressorts suivants, régulièrement constatés et rappelés notamment par les sociologues Laurent Bonnelli et Fabien Carrié (2018) [2]. Dès les premiers départs quasi-simultanés aux premiers attentats, nous faisions état du caractère multifactoriel du phénomène, n'en déplaise à ceux qui n'y verraient que l'expression d'un choc des civilisations (Abdellaoui, 2016). Cela va notamment du mal-être psychique, social ou familial au sentiment d'exclusion et de déconsidération engendré par société en crise dont les institutions sont perçues comme étant incapables d'accompagner et de sécuriser une partie de sa population se sentant menacée dans son identité ou en pleine désespérance. Le discours ambiant à propos de la religion musulmane, trop souvent réducteur et fait de rejet, alimente continuellement l'amalgame entre une affirmation politique et idéologique caractérisée par des mouvements islamistes minoritaires et souvent internationalistes. Et de l'autre, le besoin de reconnaissance officielle de l'islam en France par les musulmans français porté principalement par ceux qui plaident pour un Islam de France s'accordant avec les principes fondamentaux de la laïcité.

C'est au rythme de la succession des attentats que la réflexion sur la stratégie et les actions de nature à protéger et à prévenir s'est petit à petit construite, flirtant parfois avec une conception réductrice de la fabrique des radicalités et de la diversité de leurs manifestations. Souvent au détriment des libertés publiques, le volet répressif s'est progressivement renforcé, conduisant parfois à des erreurs d'appréciation quant à l'implication réelle d'individus. Laurent Bonnelli affirme en substance que la lutte contre le sentiment d'insécurité permet de hisser les actes d'incivilités au rang de faits condamnables pénalement, renforçant ainsi la dynamique sécuritaire propice à une nouvelle conception de l'ordre public (2010). Au fur et à mesure du déroulement des événements, la pertinence des indicateurs de basculement se trouvait de plus en plus au cœur de nombreuses remises en question parmi les professionnels susceptibles de produire un signalement auprès

1. https://www.cat-int.org.

2. https://www.cairn.info/revue-europeenne-des-sciences-sociales-2019-1-page-279.htlm.

des autorités compétentes. Certes, les critères ont été définis et ajustés à l'aide des remontées des services de renseignements, du numéro vert ou des retours des acteurs professionnels des divers corps de métiers en proie aux problématiques de radicalisation (bailleurs sociaux, travailleurs sociaux, police de proximité, enseignants). Néanmoins, l'appel à la démonstration scientifique ne semblait pas dominer l'institutionnalisation des grilles, des modalités d'évaluation et de l'exploitation des données (Cassin, 2014). À l'heure des perspectives d'accueillir et d'encadrer celles et ceux qui ont fait le choix de revenir ou postulent pour un retour sur le sol français, les élans aussi bien politiques qu'institutionnels sont des plus timorés. L'opinion publique reste majoritairement défavorable à l'idée de voir revenir les ex-combattants ou soutiens aux terrorismes, même en les soumettant à des mesures judiciaires et répressives strictes. *Comment alors passer d'un discours officiel centré sur le répressif à un autre centré sur le compréhensif ? Sur quels leviers d'analyse et d'action s'appuyer pour faire émerger des pistes de rassurement visant à un accueil, un accompagnement et une réinsertion des plus sécures et restauratifs pour tous ?*

S'agissant des enfants, si la doxa ambiante tendait petit à petit à s'infléchir ces derniers mois, le 14 septembre 2022, la Cour Européenne des Droits de l'Homme (CEDH) a condamné la France, estimant que sa politique de rapatrier « *au cas par cas* » les femmes de djihadistes de Syrie était « arbitraire ». Pourtant, la sécurisation des conditions de développement de l'enfant l'exige comme le stipule l'article L112-3 du code d'action sociale et de la famille (CASF) : « *la protection de l'enfance vise à garantir la prise en compte des besoins fondamentaux de l'enfant, à soutenir son développement physique, affectif, intellectuel et social et à préserver sa santé, sa moralité et son éducation, dans le respect de ses droits* ». Or, du point de vue des organisations des droits de l'Homme, il n'est pas pensable de voir les autorités françaises laisser des concitoyens subir un traitement inhumain et dégradant. Pourtant, nul doute que l'enjeu ici, réside principalement dans la question de savoir si le fait de les accueillir ne contribuera pas à raviver ou accroître davantage encore un sentiment d'insécurité et, de surcroît, d'aggraver la menace terroriste. En 2019, sept Français sur dix se disaient opposés au retour des enfants de djihadistes, selon un sondage réalisé par Odoxa-Dentsu. Ils sont à présent six sur dix selon un sondage plus récent (juillet 2022) réalisé par l'institut CSA. C'est dans ce contexte de controverse, que l'État français *via* le gouvernement en place, a été conduit à communiquer sur un examen de la situation au cas par cas.

Sans préjuger de la disparition définitive de l'État islamique et des autres principales sources d'attraction idéologique ou à leur emprise respective à l'origine de ces départs, les enjeux du retour des adeptes ou proches d'eux et plus franchement ceux des femmes et des enfants, dans leur pays d'origine se sont progressivement imposés aux autorités de chacun des pays concernés. Alors que certains avaient d'emblée choisi d'œuvrer au nom de la protection de l'enfance et du principe de responsabilité de l'État comme devant assumer le sort de ses ressortissants sans atermoiements, d'autres pays, comme la France, ont été aux origines de cette préoccupation, plus réticents, *voire* farouchement contre l'idée même de prendre part à leur réintégration sur leur territoire. Depuis, les positions ont quelque peu évolué dues principalement à la pression d'avocats saisis par les familles dont sont originaires les postulants au retour, par certaines associations de défense des droits de l'Homme, ou de protection de l'enfance, de défense des enfants et secondairement de quelques personnalités politiques. L'accueil des enfants puis leur accompagnement pluridisciplinaire se feront sur la base des principes fondamentaux classiquement consacrés à la prise en charge des enfants traumatisés, désorientés, désocialisés. Pour la plupart, il s'agit d'enfants en souffrance psychique renforcée par la prégnance de souvenirs traumatiques liés au déchirement socio-affectif et familial, au sentiment de menace quasi-permanent, à la brutalité des gestes et des situations pouvant aller jusqu'à avoir affronté des scènes de violence et/ou frôler la mort de près. L'une des principales spécificités de ces enfants et adolescents renvoie à leur construction psycho-sociale, en particulier pour ces adolescents dont la quête d'identité a été rendue encore plus difficile du fait du chaos cognitif et émotionnel dans lequel ils se retrouvent. Les professionnels adopteront des méthodologies relativement différentes selon l'âge de ces mineurs. La problématique des enfants de bas âges est différente de celle des pré-adolescents ou adolescents dont le rapport au monde, et notamment via les réseaux sociaux, peut avoir été lourdement parasité par certaines sources d'influence idéologique toujours actives et d'actualité. Leur prise en charge comprendra à la fois la prise en compte du poids du trauma mais également l'éventuelle perméabilité au discours radical et aux revendications à caractère islamiste susceptible de mettre en danger la population, les institutions et les principes de laïcité.

À propos du rapatriement des femmes djihadistes, Laurent Nunez, à l'époque coordonnateur national du renseignement et de la lutte contre le terrorisme (CNRLT), déclarait au début de l'été 2022 sur les ondes d'une grande radio : "*Il vaut mieux les avoir sous notre contrôle*" tout en affirmant, en substance, l'exigence de devoir répondre de leurs actes devant les autorités judiciaires pour avoir combattu contre la France. Ainsi, dès leur retour de Syrie, le devenir des femmes pourrait se résumer à un traitement stricto-sensu judiciaire et à une surveillance sans doute plus stricte encore avant d'entamer tout le travail relatif à leur réhabilitation et leur réinsertion dans la société française. D'un point de vue scientifique, il n'existe pas de profil-type particulier conduisant à croire que certaines seront plus amendables ou plus réinsérables que d'autres. Néanmoins, on retrouve, pour la grande majorité d'entre elles, une histoire traversée de moments de grande interrogation ou de profond désarroi. Jadis envahies par une insatisfaction générale dans leur quotidien, un sentiment d'injustice ou de révolte, elles présentaient une fragilité existentielle ne donnant lieu à aucune issue accessible et salutaire. Pour tendre vers un idéal, leur projet de départ et/ou de rupture d'avec l'occident s'est depuis poursuivi, entrainant d'innombrables conséquences dramatiques et ravageuses, parfois irréversibles, pour elles-mêmes, les enfants, leur entourage qu'il soit ou non immédiat. Durant les premières semaines de leur retour sur leur terre d'origine, on ne pourra toutefois pas faire l'économie d'une compréhension des motivations premières, lesquelles peuvent potentiellement en masquer d'autres. Il devient essentiel pour les professionnels chargés de les prendre en charge de s'interroger sur les ressorts subjectifs et contextuels à l'origine de leur décision. Le croisement des regards et la pluridisciplinarité prendront ici tout leur sens sur un sujet dont le traitement efficace ne devient possible qu'en réintroduisant de la complexité dans les diverses réalités concernées.

Partant de ces constats, de la pertinence du diagnostic au moment du retour et du mode d'accompagnement dépendra le risque de récidive. Les professionnels, psychiatres, psychologues, éducateurs et spécialiste des religions s'adonneront à faire une description fine et objective de leur personnalité et à renseigner différents registres de fonctionnement et d'informations. Ainsi, il s'agira notamment de savoir où en sont-elles et que disent-elles de leur adhésion à un tel régime et au discours radical basés tous deux sur l'idée de rupture par la violence avec la société et les institutions qui les ont vues grandir et évoluer. *Voient-elles toujours en elles un monde devenu une menace fondamentale ? Rejettent-elles toutes les avancées que la grande majorité des femmes, en occident ou ailleurs, reconnaissent et peuvent bénéficier ? Pourquoi avoir cherché à développer un sentiment d'existence en embrassant le rôle d'épouse de djihadistes et mère de "lionceaux", promis au combat, comme leurs maris le sont ou l'étaient, à la mort ?* (Benslama & Khosrokhavar, 2018). Ces questions correspondent à autant d'axes d'investigation qu'il conviendra d'analyser finement au risque d'apporter des réponses inappropriées, *voire* totalement contre-productrices. À ce propos, si la qualité du recueil d'informations sur elles et leur rapport au monde s'avère cruciale, on ne peut écarter l'éventualité d'adopter la taqqyia. Il s'agit de cette stratégie de dissimulation évoquée dans les textes coraniques, sujette à diverses interprétations, dans l'optique de se préserver contre une menace extérieure. De ce fait, une analyse d'une éventuelle stratégie sous-jacente est impérative. Cela suppose donc la réalisation d'un travail clinique menée selon une approche holistique par des professionnels, qu'ils soient psychologues ou psychiatres, formés aux problématiques de radicalisation et de relégation sociale. Ils devront notamment tenter de saisir et analyser le poids de l'interculturalité dans les modes de pensée, les imaginaires et les stratégies identitaires des mises en cause qui exige également de faire appel à des savoirs et des compétences actualisées. Ce travail portera également sur l'histoire des sujets, leur santé psychique et mentale, la nature des relations qu'ils entretiennent avec l'occident, la République, la laïcité, le rapport aux autres religions, aux pouvoirs séculaires... De façon transversale, il s'agira également de s'interroger sur le degré d'effectivité du processus de victimisation qui, en grande partie, les a conduites à une déshumanisation et donc au rejet de tous ceux qui ne souscrivent pas à leur « idéal » exclusif et manichéen. Enfin, on ne pourra pas faire l'économie de questions d'ordre géopolitique, dont les éléments de réponse, si possible solidement étayés, sont incontournables à la réflexion relative à leur réintégration dans la société française. Comment ces femmes, en particulier, vivent la défaite de l'EI, l'effondrement de l'illusion d'un État et d'un territoire exclusivement consacré aux musulmans et à une certaine idée de la religion ? Quel degré d'investissement consacré à une démarche de remise en question de leur trajectoire belliqueuse ? Ces principaux axes d'analyse et d'intervention, à la fois systémiques et pluridisciplinaires, exigent rigueur et humilité. Le travail collaboratif visant la co-construction d'une issue salutaire pour chacun des niveaux de responsabilités concernés allant des mis en cause aux acteurs politiques en passant par l'ensemble des acteurs directs et indirects, s'accommodera nécessairement d'une part de mystère et d'incontrôlable face à un phénomène qui reste, à ce jour, inédit et déconcertant.

13

Et si l'Histoire pouvait nous renseigner ?

La radicalisation des militants nationalistes algériens pour l'insurrection du 1er novembre 1954

Mohamed AMROUNI
Sociologue
Spécialiste des méthodologies en sciences sociales

La radicalisation à travers l'histoire : des questions d'hier et d'aujourd'hui

Les injustices sociales, les discriminations et la répression arbitraire finissent toujours par pousser l'individu ou des groupes d'individus à les dénoncer ou à les combattre. Cette dénonciation peut se faire de deux manières, soit par le compromis, soit par la révolte violente et, à un degré moindre, par l'exil forcé ou volontaire. Dans les États démocratiques, les solutions d'aides pour éviter le conflit ou la violence sont nombreuses. Le travail social financé par l'État ou le privé fait partie des réponses et accompagne les personnes confrontées aux difficultés sociales, à l'exclusion sociale. Les éducateurs, les assistantes sociales, les travailleurs sociaux parviennent toujours à trouver des solutions pour éviter la rupture avec la société globale. Par contre, dans les États colonisés, l'accompagnement social demeure totalement absent. La solution se limite à la répression. Cependant, la population colonisée finit par se révolter et provoque la rupture radicale. Le cas de l'insurrection du premier novembre 1954 en Algérie peut servir d'exemple pour apporter la réponse à cette affirmation en formulant quelques questions préalables : pourquoi les militants nationalistes algériens, dont le pays est colonisé par l'empire colonial français depuis le 14 juin 1830, ont-ils décidé de prendre les armes le premier novembre 1954 ? Qu'est-ce qui fait qu'un groupe de personnes soumis à un État occupant son pays depuis plus d'un siècle passe à la lutte armée ? À quelles conditions des individus décident-ils de prendre les armes pour changer l'ordre établi ? Comment des individus, passent-ils d'une revendication pacifique, à une revendication radicale ? Pour répondre à toutes ces questions, nous prenons comme référence des auteurs qui ont conceptualisé les notions de comportements qu'adoptent des individus confrontés à des situations qui ne leur donnent pas satisfaction sur le plan de l'insertion sociale, professionnelle et politique. F. Dubet (1987), dans un de ses ouvrages, publié dans les années 80, explique que la fin des trente glorieuses a déstructuré la cohérence du modèle d'insertion professionnelle en France, chez une partie de la population, en particulier chez les jeunes des territoires en difficulté sociale. Avant, le sociologue R.K. Merton (1965) dans les années 60 aux U.S.A explique que les individus contraints à un problème social, par exemple l'échec professionnel, une rupture familiale ou un échec scolaire, n'apportent pas tous les mêmes solutions. R.K. Merton identifie cinq attitudes : le conformisme, l'innovation, le ritualisme, l'évasion, la rébellion, pour faire face aux difficultés d'insertion dans la vie sociale ; nous reviendrons plus loin sur chacune d'entre elles. Néanmoins, l'une des attitudes qu'il développe nous intéresse plus que les quatre autres. En effet, la notion de rébellion peut être appliquée aux insurgés algériens du premier novembre 1954. La rébellion consiste, dans le cas de l'Algérie, à vouloir changer l'ordre établi pour instaurer un nouveau modèle politique qui mettra fin aux injustices sociales, aux discriminations et aux inégalités juridiques qui frappent les colonisés.

La relégation sociale : un facteur d'entrée dans la lutte armée

Notre hypothèse affirme que la situation coloniale en Algérie est assez particulière pour ne pas dire unique, si nous la comparons à celles des deux sociologues. Toutefois, elle peut avoir quelques points communs avec la réaction des personnes confrontées aux problèmes sociaux, comme le chômage, l'exclusion sociale, connus des travailleurs sociaux et des sociologues. En effet, les analyses faites par les deux sociologues constatent le refus des individus de subir une évolution à laquelle ils ne sont pas préparés. Dans les deux exemples, il s'agit néanmoins d'une situation conjoncturelle, en France c'est la fin des trente glorieuses, aux USA c'est la discrimination raciale. Ce n'est pas le cas de la situation en Algérie à l'époque coloniale : celle-ci s'inscrit plutôt dans la durée et dans une stratégie politique coloniale. Elle n'épargne aucune génération autochtone depuis 1830. Ainsi, pour expliquer le choix de la décision de la rupture des nationalistes algériens des années 20, pour changer l'ordre établi, nous devons tenir compte du processus de la colonisation, qui démarre dès les premières années de conquête. Dans le projet de colonisation, deux projets cohabitaient pour le finaliser : la répression de la population algérienne et la mise en place d'une politique à trois dimensions, juridique, éducative et économique. Cette stratégie peut paraitre paradoxale pour certains observateurs. En effet, comment investir de l'argent, de la connaissance dans un pays colonisé par la répression, par la force militaire ? Quelle garantie est-elle possible d'espérer dans une colonie soumise par la violence ? Nous souscrivons à l'idée que le développement économique de la colonie pour l'exploitation des richesses avait contribué à la prise de conscience politique de certains Algériens, notamment ceux qui ont fréquenté l'école ou émigré en métropole pour intégrer le salariat métropolitain, voire ceux qui ont fait l'expérience de la guerre dans l'armée française. La possibilité laissée aux Algériens d'émigrer en France, de devenir salarié, d'aller à l'école, d'être incorporé dans l'armée, de participer aux deux guerres mondiales comme soldats, a permis l'émergence d'une nouvelle manière de lutter contre l'occupation coloniale. La nouvelle situation sociale produit de nouvelles catégories sociales voire un individu différent du début de la conquête. L'individu de la tribu de 1830 ne ressemble plus à l'individu socialisé par le nouveau contexte social des années vingt et cinquante. De nouvelles catégories sociales algériennes sont apparues. Elles ont appris à l'école, dans l'entreprise, dans les médias à militer et à décider d'agir pour changer l'ordre établi. Elles ont construit des organisations sociales et politiques pour mieux rassembler leurs compatriotes, réunir leur force et défendre leurs intérêts.

Mais tout d'abord, une remarque méthodologique : cet article provient d'un projet d'écriture d'un document sur l'émergence de la lutte armée entreprise par les nationalistes algériens le premier novembre 1954. Et nous savons que le travail sociologique exige une enquête de terrain. Malheureusement, notre sujet trouve des limites dans ce cas, car les acteurs de l'événement sont impossibles à rencontrer en raison de leur nombre et de leur âge. Ils étaient peu nombreux en 1954 à prendre les armes ; et en 2021, ils sont très rares. C'est pourquoi ce travail se limite à l'étude de documents historiques et des témoignages. Nous admettons volontiers que ce travail demeure biaisé. Mais il n'en demeure pas moins pertinent, d'autant plus que nous faisons appel à une approche théorique, déjà testée par deux grands sociologues, F. Dubet et R.K. Merton. Selon leur théorie, lorsque l'individu est soumis à une situation sociale qu'il ne maitrise pas, alors il cherche des moyens pour la contourner et il peut aller jusqu'à se radicaliser pour changer l'ordre établi. Si, toutefois, nous avions l'opportunité d'interviewer les acteurs engagés dans l'insurrection, nous leur poserions les questions sur le choix de leur décision. Comment a-t-elle été déterminée ? Les injustices sociales ont-elles joué un rôle ? Le niveau de formation a-t-il permis de comprendre l'exploitation coloniale ? Les rencontres avec d'autres Algériens venant de régions différentes ont-elles suscité une adhésion commune pour combattre violemment le colonialisme ?

Mieux saisir le contexte sociohistorique pour mieux comprendre la radicalité

Tout d'abord, jusqu'au 14 juin 1830, l'Algérie et sa population vivaient sous l'occupation turque depuis trois siècles. Cependant, avant la domination de l'Empire ottoman, il y avait d'autres occupants : les Vandales, les Phéniciens, les Romains, les Arabes. Le pouvoir turc d'Alger n'a pas développé l'économie comme certains colonisateurs. Les deux empires qui ont laissé des traces visibles sont les Romains, les Arabes et, à un degré moindre, les Turcs. Les premiers ont construit des édifices, aujourd'hui en ruines. Cependant, ces ruines sont toujours visibles à Alger, en Kabylie et dans d'autres régions d'Algérie. Les seconds ont laissé une religion, l'Islam et une langue, l'arabe. Et, les Turcs ont construit la Kasbah d'Alger et quelques édifices publics. Les Algériens sont devenus musulmans dans leur totalité. La langue arabe est parlée dans les villes et dans certaines régions, ce n'est pas le cas des langues des autres occupants d'avant la conquête coloniale de 1830. Néanmoins, la population algérienne se compose de Kabyles, de Chaouis, de Mouzabites, de Touaregs, d'Arabe, de Juifs… Le pouvoir turc s'est contenté d'entretenir une administration de militaires pour prélever l'impôt et protéger la bourgeoisie du négoce des villes. Les soldats turcs n'étaient pas préparés à une invasion étrangère. Celle-ci ne tardera pas à arriver au 19e siècle pour s'approprier le pays. Cette situation n'est pas une nouveauté de l'époque. En effet, d'autres conquêtes coloniales sont apparues depuis la découverte de l'Amérique par les Occidentaux au 14e siècle. Au bout de quelques semaines, la régence turque d'Alger a été vaincue par une armée de milliers de soldats de l'Empire français bien équipés. Pendant, l'occupation turque, les Algériens continuaient à exploiter leurs patrimoines foncier ou/et immobilier. La conquête de l'Algérie par l'empire colonial en 1830 ouvre une nouvelle situation politique pour la population algérienne.

L'analyse de la stratégie d'emprise déployée par le pouvoir colonial

La conquête coloniale ouvre une stratégie différente. Au fur et à mesure des victoires de l'armée coloniale, le pays commence à changer sur le plan économique, juridique et culturel. Dans un premier temps (1830-1832), l'armée coloniale remplace l'armée turque, confisque ses biens et met en place son propre pouvoir. Dans un deuxième temps (1832-1871), elle livre une guerre contre les tribus qui échappaient au contrôle turc. À ce moment, elle rencontre une féroce résistance. Des milliers de soldats de part et d'autre vont perdre la vie. Dans les affrontements, de nombreux villages sont détruits ou annexés pour installer les ressortissants coloniaux européens. La première tribu à laquelle l'armée coloniale va se confronter est celle de l'Emir Abdel Kader. Dès 1832, c'est-à-dire deux ans après la victoire de Charles X sur les Turcs, l'empire colonial français veut élargir sa domination. La tribu de la région de Mascara va résister pendant quinze ans. En 1847, le chef de cette tribu de l'ouest de l'Algérie, après des compromis plus ou moins à l'avantage du colonisateur, perd la guerre et abandonne la lutte. Il sera arrêté pour être enfermé en métropole au château d'Amboise avec toute sa famille. Puis, sur sa demande, il sera transféré en Syrie pour finir sa vie. L'histoire de ce chef charismatique qui a commencé à se battre à l'âge de 24 ans à la tête de 8 000 hommes, 2 000 cavaliers et 240 pièces d'artillerie contre les généraux, Thomas Bugeaud, Christophe de Lamoricière, Louis-Eugène Cavaignac de l'armée coloniale [1]. Son échec ou sa soumission continue à susciter des débats encore aujourd'hui, 175 ans après sa réédition en 1847. La seconde région qui sera attaquée est la Kabylie. Ce territoire se situe à une centaine de kilomètres à l'Est de la capitale, Alger, et se prolonge sur une partie de la côte méditerranéenne jusqu'à la région de Bougie (vgayet). L'armée coloniale sera confrontée à une résistance farouche conduite par une jeune femme : Lalla Fatma N'Soumer. Elle se bat de 1854 à 1857 jusqu'à sa capture [2]. Elle mourra en prison en 1863 à l'âge de 33 ans. Elle est devenue une légende pour la Kabylie. Plusieurs établissements scolaires portent son nom. Par ailleurs, elle demeure un exemple pour les femmes combattantes (Djamila Bouhired, Djamila Boupacha, Zohra Drif) de la guerre de libération de 1954-1962.Une troisième révolte, conduite par Hadj El Mokrani, en 1871-1872, prendra le relais (Rinn, 1891). L'armée coloniale, forte de son expérience, ne fera aucune concession au fils du grand propriétaire terrien des Hauts Plateaux de Sétif et de Constantine. Un mois à peine plus tard, il sera tué, le 5 mai 1871, sur son cheval. Son frère, Ahmed-Boumezrag, voulant le remplacer, subira une chasse à l'homme jusqu'à son anéantissement physique. Il sera capturé le 20 janvier 1872 à Ouargla, dans le Sud ? Il décède en juillet 1906 (*ibid.*). Ces trois exemples de révoltes ne sont pas les seules pour le combat contre l'occupant colonial, mais elles constituent, selon certains historiens, Charles Robert Ageron, André Noushi, le fondement d'une identité du territoire algérien.

L'État colonial ne se satisfait pas assez des victoires contre les tribus. Alors, il lance la guerre sur tout le territoire. Ses victoires sont accompagnées d'expropriations des terres et de lois répressives qui vont changer le mode de vie des autochtones. Quatre lois majeures seront promulguées en 1851, 1863, et 1865, 1873 (Noushi, 2013). Chacune de ces lois datées porte une réforme spécifique dont l'objectif principal est d'exproprier la terre et de changer les droits de succession des Algériens. De 1871 à 1920, la terre des colons couvre 1/4 des terres de culture, soit 2,3 millions d'ha et celle de l'État atteint 5 millions d'ha (Guignard, 2010). Le patrimoine des Algériens se réduit d'une façon drastique. Les lois affirmeront un nouveau statut de l'autochtone et des nouvelles règles de la vente des terres. La transmission de la terre obéissant à la coutume de la société autochtone sera modifiée pour passer du droit d'héritage familial à la possibilité du droit de vente entre personnes physiques ou morales. Ces lois sur la propriété

1. Jacques Frémeaux, Abdel Kader chef de guerre 1832-1847, revue des armées, 6 juin 2008.

2. Lalla Fatma N'Soumer l'héroïne, Livre III, histoire depuis la conquête de l'Algérie jusqu'en 1871, azititou.wordpass.com, 2013 /5/12.

modifient les relations intercommunautaires de la société algérienne. L'État colonial va par ailleurs promulguer le code de l'indigénat en 1881 (Thénault, 2001) qui spécifie des interdits seulement pour les Algériens. L'objectif de ce code de l'indigénat est l'instauration de deux communautés vivant sur le même territoire avec des droits séparés. Ainsi, le vote d'un Algérien vaut 1/9 de celui du Français. Et l'accès à l'emploi de la fonction publique ne peut s'obtenir qu'en reniant son statut personnel. Comme dit précédemment, l'État colonial ouvre des routes, en 1954, 80 000 km seront fonctionnels. Il restaure et construit plus d'une centaine de ponts, des milliers de kilomètres de voies ferrées (Verrière, Roland, 1957), des bâtiments. Il développe l'agriculture, forme des instituteurs, des avocats, des médecins. Il incorpore des Algériens dans l'armée. Il embauche des salariés et autorise les déplacements. Une infrastructure se met en place. Cette situation sociale nouvelle de la colonie produira de nouvelles catégories sociales.

Beaucoup de « laissés pour compte » pour quelques parcours de réussite

Cependant, peu d'Algériens vont profiter du développement de la colonie. En effet, à peine 1,9 % en 1889 sont scolarisés, alors que le taux des enfants des colons se chiffre à 84% (Ageron, 2000). Toutefois, grâce au changement socio-économique impulsé par la colonisation, le salariat et les cadres vont apparaître dans la société algérienne. Plus de 5 000 instituteurs seront formés entre 1866 et 1945 à l'école normale de Bouzeréah d'Alger, quelques médecins, avocats le seront également à l'Université d'Alger habilitée à délivrer des diplômes depuis décembre 1879 [1]. Et c'est parmi les instituteurs, les médecins, les avocats et les salariés que naitront les militants réclamant des droits sociaux, créeront des revues, des journaux, des associations. La participation aux deux guerres mondiales dans lesquelles 173 000 Algériens ne reviendront pas et certains reviendront avec un membre de leur corps en moins, c'est-à-dire handicapés pour le restant de leur existence. De plus, à la fin de la deuxième guerre mondiale, la propagande des Nations Unies appelle à la libération des peuples colonisés. Les Algériens expriment leur adhésion à la charte des Nations Unies. Ils manifestent à Kherrata, à Sétif, à Guelma. L'armée coloniale, avec laquelle certains Algériens ont combattu à ses côtés contre les Allemands, leur tire dessus. Les historiens chiffrent le nombre de morts à des dizaines de milliers, certains donnent le chiffre de 45 000 tués (13). Des familles entières disparaissent dans le bombardement de villages par la marine et par l'aviation de l'armée coloniale. Les revendications des Algériens ne datent pas de mai 1945. Elles ont commencé dès la fin de la Première Guerre mondiale, dès 1926. Une association, mise en place en métropole par les travailleurs émigrés, revendique, dans son programme, l'indépendance du pays. Par ailleurs, le combat pour libérer le pays était inspiré par les premières révoltes tribales de 1832, 1853, 1871. Cependant, à cette époque, les revendications restent

1. L. Abid, L'école de médecine d'Alger : 150 d'histoire 1857-2017 site santé maghréb.com.

limitées à la lutte pour la terre. Le militantisme porté par les lettrés et les salariés, à partir des années 20, prend une autre dimension. Le but n'est pas uniquement de reprendre les terres expropriées, qui se chiffrent à des centaines de milliers d'hectares. Il est aussi question de libérer les hommes et les femmes de l'exploitation coloniale.

Des tentatives d'organisation salutaires et pacifistes

Toutefois, les associations qui émergent en 1924, en 1926 et en 1931, ne souhaitent pas un affrontement violent. Elles militent surtout pour obtenir les mêmes droits entre les colons et les Algériens. Certains souhaitent l'assimilation, d'autres l'intégration sans perte de statut personnel. La revendication indépendantiste n'est pas assez franche dans aucune des associations des années 20 et 30, quand bien même elle est prononcée dans le programme de l'Étoile Nord-Africaine (E.N.A) en 1927 en Belgique. Alors pourquoi, à partir des années 50, certains militants décident-ils de passer à l'action armée pour obtenir l'indépendance du pays ? Les leaders des trois associations : les Jeunes Algériens animés par le pharmacien F. Abbas, l'Étoile Nord-Africaine par Messali Hadj, titulaire du certificat d'études primaires et les Oulamas par Ben Badis universitaire de la Zitouna de Tunisie, ouvrent une dynamique de militantisme pour restaurer le statut social des Algériens. Les trois leaders ne sont pas pour la radicalité. Ils préfèrent la négociation. Pour comprendre l'option de la radicalisation, nous devrions revenir aux notions conceptuelles de F. Dubet dans son ouvrage intitulé : « La galère, les jeunes en survie », publié en 1987 chez Gallimard. Dans cette étude, l'auteur décrit ce qui arrive lorsque des jeunes des banlieues sont confrontés à une situation sociale qu'ils ne maitrisent pas. Ils n'arrivent pas à s'insérer dans la vie professionnelle. Ils « galèrent » pour trouver un emploi, un stage, une formation et ils sont prêts à adopter des statuts informels pour échapper à l'exclusion sociale. La conjoncture de l'époque générée par la fin des trente glorieuses (1945-1975) est catastrophique pour une partie des personnes sans emploi et sans qualification. Le chômage de la population active à partir des années 75 touche toutes les catégories sociales. Selon, O. Marchand, dans un article publié dans la revue « Persée » de 1981, le chômage passe de 5% en 1980 à plus de 20% en 1990 (Marchand, Revoil, 1981). Dans certaines banlieues, le chômage des jeunes sans formation avoisine les 30%. De plus, comme le dit F. Dubet, la situation n'est pas conjoncturelle : nous assistons à une nouvelle configuration sociale. L'insertion professionnelle ne se fait pas systématiquement. Le modèle du plein l'emploi change, d'autres compétences sont sollicitées. Certes, les pouvoirs publics apportent leur contribution mais l'organisation de la production exige de nouvelles adaptations. Les plans de restructuration de l'emploi prennent du retard, les jeunes perdent espoir. Le monde associatif, piloté par les travailleurs sociaux en général, a du mal à satisfaire la demande sociale des jeunes. Des émeutes urbaines éclatent dans certaines banlieues, notamment dans la région lyonnaise où s'est déroulée une partie de l'enquête du sociologue. Une grande manifestation animée par des jeunes issus, en grande majorité, de l'émigration maghrébine, réclament l'égalité entre les jeunes, quelles que soient leurs origines. La manifestation rencontre un grand succès, elle se termine à Paris en démarrant de Marseille. Plus de 10 0000 manifestants étaient rassemblés, le dernier jour, sur les Champs Élysées. Les leaders seront reçus par le président de la République de l'époque, F. Mitterrand.

Un espoir, désespoir…

Ce mouvement initié par les jeunes n'a pas eu les résultats escomptés. La situation des jeunes ne s'est pas améliorée. La seule revendication à retenir demeure l'obtention d'une carte de séjour de 10 ans pour les immigrés. Ainsi, la déception des jeunes n'a fait que s'aggraver. Certains jeunes ayant participé à la marche pour l'égalité de 1983 sont déçus. L'un des leaders de la marche pour l'égalité change totalement de projet de vie, de militant associatif, il passe au statut d'épicier de quartier. D'autres se lancent dans le commerce informel ou renouent avec la religion notamment l'Islam radical. D. Schnapper (Schnapper, 1981), analysant un groupe de chômeurs de longue durée dans les années 80, constate que les privés d'emploi cherchent des statuts de substitution. R.K. Merton que nous avons cité dans l'introduction de ce document, au dans son ouvrage publié en 1965 sous le titre « Éléments de théorie et de méthode sociologique » (traduit par H. Mendras aux éditions Plon), réunit cinq comportements sociaux que les individus en mal d'insertion sociale cherchent à intégrer.

- Le premier de ce comportement s'attèle à la conformité des règles imposées par la société globale. Cet alignement social peut-être constaté chez la majorité des individus. La grande majorité des militants nationalistes n'étaient pas pour changer l'ordre établi à l'époque coloniale. Une partie de la population continue à obéir au projet du moment malgré ses contraintes. Dans l'étude de F. Dubet, tous les jeunes en difficulté ne protestent pas non plus et ils n'ont pas marché pour l'égalité.

- Le second comportement social que l'individu peut envisager relève de l'innovation personnelle. L'individu cherche une solution à son exclusion. Il ne s'embarrasse pas de la morale ou du contrôle social. Cette attitude peut être présente chez l'individu ayant une autonomie d'esprit. Chez le militant nationaliste radical, cela parait improbable dans la mesure où l'objectif recherché concerne toutes les personnes qui veulent déconstruire l'ordre établi. Par contre, dans l'étude sur les jeunes des banlieues, cela peut réunir des adeptes nombreux.

- Le troisième comportement consiste à justifier son choix pour relativiser ses ambitions. La personne essaye d'être réaliste pour éviter la déception : une impuissance qui ne dit pas son nom. Probablement dans le groupe confronté au

changement social des années 80, certains peuvent faire valoir la situation conjoncturelle : il n'y a « rien à faire », il faut attendre l'arrivée du plein emploi et les réformes des élus. Dans le cas des militants radicaux, la vision est tout autre, cela reste impossible, disent-ils, si « nous ne prenons pas les armes », les choses resteront identiques.

- La quatrième option du sociologue américain annonce l'évasion : il s'agit de se mettre dans un état mental spécifique pour oublier son problème. Les moyens d'être ailleurs, sans que sa présence physique soit ailleurs, existent. L'alcool, la drogue peuvent contribuer à la mise en scène de cet état. Il peut le faire par l'exil, l'errance, la folie. Les jeunes analysés par Dubet peuvent opter pour un de ces comportements, mais le prix à payer sur le plan de la santé reste conséquent et les jeunes sont rares à envisager ce comportement. Les militants qui veulent changer l'ordre établi ne pensent pas à changer leur état mental : au contraire ils veulent garder toute leur lucidité pour la lutte révolutionnaire.

- Le dernier comportement, intitulé la rébellion, convient parfaitement à ceux qui veulent changer l'ordre colonial. Cela consiste à vouloir mettre un nouvel ordre, plus juste, égalitaire. Ce choix nécessite des convictions idéologiques. L'État, qui détient le pouvoir, n'a aucune volonté de tolérer car cela va de sa survie. Dans la « galère » des jeunes des banlieues françaises, les jeunes ne cherchent pas à détruire le pouvoir. Ils cherchent des statuts de substitution à l'instar des chômeurs analysés par D. Schnapper, pour fuir la contrainte qui pèse sur eux.

Dans une situation coloniale, les individus sont soumis à des contraintes durables et permanentes. Toutefois, l'État français contemporain, en ne mettant pas en place des réformes pour éviter l'exclusion d'une partie de la jeunesse française, la radicalisation est vite franchie. Dans la période des années 2000, plusieurs jeunes Français estiment qu'ils ne trouvent pas leur place dans la société française. Alors, ils se convertissent à une autre religion, l'Islam radical, et n'hésitent pas à mourir pour instaurer un autre modèle culturel. Les militants nationalistes des années 20 avaient également l'espoir de voir leur avenir meilleur en se radicalisant, mais l'État colonial ne lâche rien en faveur des Algériens. Malgré le dévouement des Algériens pendant les deux guerres, l'effort de se former dans les écoles coloniales, l'allégeance aux autorités civiles ou militaires, le souhait d'être assimilé, l'acceptation de la précarité salariale, le pouvoir colonial continue sa politique répressive à l'égard des Algériens. Pendant les deux guerres, les entreprises ont fait appel à des milliers de travailleurs algériens : une fois les guerres terminées, la priorité est donnée aux Français. Des milliers d'Algériens seront renvoyés dans leurs villages de Kabylie ou d'ailleurs. L'accès à des professions d'avocats, de médecins, d'instituteurs, de fonctionnaires est réservé en totalité aux Français et Européens ou à ceux des Algériens qui abandonnent leur statut personnel. Les Algériens sont à peine quelques dizaines à accéder aux professions supérieures. Parallèlement, les revendications des associations autochtones sont combattues par les élus de la colonie. Les réformes votées à Paris sont déconstruites à Alger. Les injustices sont institutionnalisées et cela devient inacceptable pour les jeunes Algériens. La situation coloniale a sa propre logique. Cependant, le développement social généré par une nouvelle configuration économique pour exploiter les richesses humaines et matérielles du pays provoque, de la part des Algériens éveillés, une implication politique radicale. La radicalisation semble la seule solution lorsque toutes les revendications sont rejetées. Les jeunes des sociétés contemporaines, qui ne trouvent pas de solutions à leur exclusion, ne constituent-ils pas des potentialités pour les mouvements radicaux ?

Dans cette analyse, nous constatons que lorsque les individus sont rejetés par le système social volontairement, comme dans l'occupation coloniale, ou involontairement, comme dans un système démocratique en mutation, le comportement des individus varie selon le vécu de chacun. C'est ce que montrent les deux sociologues, F. Dubet et R.K. Merton. Ce qui est certain, dans les deux systèmes, c'est que les individus cherchent toujours à résoudre les contraintes qui pèsent sur eux. Le devoir de ceux qui détiennent le pouvoir est d'entendre et de répondre aux attentes des citoyens. La force ou la loi de la majorité ne sont pas toujours efficaces pour assurer la paix sociale. Les détenteurs du pouvoir dans les sociétés contemporaines doivent le comprendre pour éviter des drames inutiles.

14

Retour sur le rapport Radicalisation(s) des Jeunes IHEDN

Samira WEISS
Juriste au sein du ministère de la Justice.
Coline HRABINA
Membre fondateur de l'école Marianne et collaboratrice parlementaire.

À l'heure où la France et la communauté internationale font face à une crise sanitaire doublée d'une crise économique et où les questions de laïcité et de valeurs de la République se trouvent au cœur des débats de société, le peuple français s'en trouve fragilisé. C'est dans ce contexte que certains de nos concitoyens sont alors plus réceptifs aux discours extrêmes ou complotistes et empruntent parfois la voie d'une radicalité violente.

Si ces dernières années la radicalisation islamiste touche davantage notre pays, d'autres mouvements radicaux violents se sont dans le même temps renforcés, s'alimentent mutuellement et empruntent des caractères communs les uns aux autres. Pour cette raison, il est opportun de parler des radicalisations au pluriel, que de radicalisation en tant qu'entité unique et singulière.

C'est en partant de ces différentes observations que la Task Force Radicalisation(s) des Jeunes IHEDN [1], composée de 24 jeunes professionnels et étudiants dont les auteures font partie, a mené une enquête sur les radicalités. Cet article propose un tour d'horizon des constats les plus alarmants émis dans le cadre de ce projet et des recommandations associées pour prévenir et lutter efficacement contre ce phénomène. Il est important que les décideurs publics et chaque strate de la société (société civile, professionnels du secteur public ou privé, etc.) se

1. Rapport : Radicalisation(s) publié le 25 novembre 2020 par la Task Force Jeunes IHEDN.

saisissent de ce sujet, afin de le connaître, de le comprendre et de faire front ensemble, dans l'unité.

Comprendre les radicalisations pour agir efficacement contre elles

La radicalisation est un processus dynamique et progressif de métamorphose reliant une idéologie extrême à une forme de violence effective ou potentielle. Il est important de saisir qu'un individu radicalisé est un individu qui se situe en rupture, du fait du rejet de son environnement traditionnel. À ce stade intervient le concept central de l'offre et de la demande développé au sein du rapport. D'un côté, l'individu est en demande de sens, de services, d'une compréhension alternative du monde et d'un nouvel univers de référence. De l'autre côté, des groupes radicaux constituent l'offre et viennent répondre, par une idéologie extrême (politique, religieuse, sociale) et par des actions concrètes (rendre des services), à leur besoin d'autorité et leur demande de récit. D'une certaine façon, la République a laissé la possibilité à ces groupes, qui se situent en rupture avec nos valeurs, de se substituer à elle ou de la combler. Or c'est justement à ce moment précis que s'immisce dans des failles silencieuses, des discours radicaux qui ont l'oreille de certaines populations.

Un premier constat émerge : la radicalisation n'est pas une pathologie, quand bien même certaines fragilités psychologiques et psychiatriques sont présentes chez de nombreux individus radicalisés. Si de grandes similarités dans les parcours biographiques peuvent par ailleurs être observées (vécu douloureux, passé délinquantiel, fragilités psychologiques et psychiatriques, pauvretés économique et culturelle ou encore cellules familiales dysfonctionnelles), il n'y a pas de profil type de personnes radicalisées. Ainsi l'anticipation du phénomène en est rendue d'autant plus délicate.

Un second constat réside dans le fait que la puissance publique concentre son action sur la radicalisation de type islamiste, en raison de l'ampleur du phénomène à l'heure actuelle et de sa place dans l'espace médiatique. Pourtant, force est de constater que l'on observe une montée en puissance d'autres formes de radicalités depuis plusieurs années (radicalités politiques ou encore sociales) et de façon exacerbée depuis la crise sanitaire que nous traversons. Comme évoqué dans l'introduction de cet article, il convient de retenir une conception large de la radicalisation en faisant porter la réflexion non pas exclusivement sur la radicalisation islamiste, mais également sur l'ensemble de ces autres formes de radicalités. Aussi, les autorités politiques et les médias sont alors invités à élargir le spectre de la radicalisation pour y inclure les radicalités émergentes et, *in fine*, s'intéresser davantage au processus même de radicalisation, qu'à son vecteur.

Le renforcement du rôle des collectivités territoriales dans la lutte contre les radicalités

Les élus locaux, les services municipaux et d'intercommunalité, premiers au contact des citoyens, sont les plus à même de prendre en compte leurs demandes et d'agir sur les facteurs qui poussent une personne à rechercher un autre idéal et à devenir perméable à une offre de radicalité. En effet, ils disposent d'un large champ de compétences telles que la solidarité, la citoyenneté, le sport, la jeunesse, le lien social et le vivre ensemble, tous leviers potentiels contre les extrémismes violents. Toutefois, force est de constater que ces acteurs ne sont pas toujours impliqués sur ces questions, la prévention de la radicalisation violente suscitant chez les élus des sentiments mêlant méconnaissance, intérêt, réticence, voire même crainte. La prise en charge du phénomène étant en conséquence inégale en fonction des territoires.

Il apparaît donc opportun de mener des audits de radicalité à l'échelle locale afin d'évaluer le niveau de sensibilité d'un territoire aux idéologies radicales et aux actes violents, pour mettre en place une stratégie sur le temps long, notamment via la promotion des valeurs républicaines. L'élaboration de politiques publiques de long terme étant d'ailleurs indispensable : la lutte contre la radicalisation ne peut être appréhendée comme une réponse instantanée.

Dans la continuité du renforcement de la responsabilisation des collectivités territoriales dans la prise en compte des radicalisations, les services municipaux pourraient représenter un premier niveau de détection et de prévention. Une commune peut, à son échelle, mettre en place des dispositifs afin de prévenir la radicalisation. En effet, des outils existent déjà tels que les cellules municipales d'échanges sur la radicalisation, afin de repérer les signaux faibles par le partage d'informations. Les communes peuvent également désigner un référent coordonnateur du Contrat local de sécurité et de prévention de la délinquance (CLSPD), qui aura pour mission de mettre en œuvre la stratégie et d'animer le réseau en matière d'information, de sensibilisation, de formation et de développement des outils pédagogiques (prévention primaire et secondaire). Enfin, les collectivités locales peuvent organiser des événements de sensibilisation et des débats en présence d'acteurs spécialisés sur ce sujet et développer des initiatives favorisant l'engagement des jeunes. Comme la sensibilisation au Service National Universel (SNU) ou encore à l'accomplissement de stages auprès des forces de sécurité intérieure, dans le secteur associatif ou dans les administrations publiques.

La nécessaire formation des encadrants et des agents publics en contact avec les profils vulnérables

Seule une connaissance fine du phénomène de radicalisation par l'ensemble des acteurs en lien avec des profils vulnérables, ainsi qu'une bonne compréhension du rôle à tenir par chacun, permettent d'adopter les bons comportements et les bons réflexes, afin que chacun puisse agir en fonction de ses compétences et de son niveau de responsabilités.

Pour cette raison, la formation, élément central en matière de transmission des valeurs de la République et de prévention de la radicalisation, doit être rendue obligatoire, uniforme et continue en la matière pour tous les personnels en lien avec la jeunesse. Dès lors, il convient de généraliser les formations des agents de terrain et de tous ceux qui sont en contact avec le public sur la détection et prise en charge de la radicalisation, mais également sur le champ des valeurs républicaines. Tout agent est concerné et l'intensité de la formation pourrait être réajustée en fonction du degré de radicalité du territoire sur lequel il opère. À ce titre, le Comité Interministériel de Prévention de la Délinquance et de la Radicalisation (CIPDR) met à disposition des fiches pratiques à destination des collectivités territoriales : « Collectivités locales et prévention de la radicalisation : détecter - signaler - agir » [1]. Le Centre National de la Fonction Publique Territoriale (CNFPT) propose également des formations par région sur un ou deux jours, ouvertes aux agents en charge de l'accueil et en relation avec le public ainsi qu'aux animateurs, éducateurs sportifs, coordonnateurs de la réussite scolaire et travailleurs sociaux sur la thématique de la prévention de la radicalisation.

Toujours dans l'esprit de sensibilisation des différents acteurs, l'école Marianne, association visant à promouvoir la citoyenneté, propose de créer et mettre en place la « Mallette pédagogique Marianne » comme espace de ressources documentaires de prévention de la radicalisation, à disposition de l'ensemble du corps professoral, des acteurs du milieu sportif et des personnels exerçant au sein de structures éducatives. Son contenu, riche et varié, contiendrait des formations en ligne, des fiches pratiques pour faire face aux situations les plus fréquentes, des kits pour mener des ateliers à l'échelle locale, des capsules vidéo d'experts divers, des podcasts, des listes de livres, reportages, films, pièces de théâtre, ainsi que des mises en situation pratiques et interactives. La « Mallette Marianne » permettrait ainsi de faire monter en compétences les principaux relais de l'État et de les orienter vers des parcours apprenants déjà existants, souvent méconnus. Les premiers modules de cette banque de ressources pédagogiques s'adresseront aux acteurs associatifs en lien avec la jeunesse et seront disponibles dès janvier 2022. Elle permettra d'armer les bénévoles et les cadres associatifs aux thématiques en lien avec la prévention de la radicalisation, les séparatismes, la promotion des valeurs de la République et développera une culture commune de vigilance et de sensibilisation.

1. Fiche pratique. Collectivités locales : détecter, signaler, agir (février 2019).

Focus sur les milieux sur exposés aux phénomènes de radicalisations : les milieux scolaires, sportif et carcéral

La décapitation du professeur d'histoire-géographie Samuel Paty a tragiquement montré que le milieu scolaire est devenu un espace dans lequel la radicalisation peut proliférer. Consciente de ce constat, l'Éducation nationale a pris de nombreuses mesures afin de prévenir et lutter contre la radicalisation, notamment depuis 2015.

La sensibilisation des plus jeunes à ces questions est primordiale et peut notamment passer par l'intervention dans les écoles d'intervenants extérieurs qualifiés, qui incarnent les valeurs de la République et ont le sens de l'engagement. Des interventions de « Grands témoins » sur le modèle des rencontres entre des élèves et Lassana Bathily, « héros de l'Hyper cacher » (ex-employé de l'Hyper Cacher ayant aidé des otages à se cacher lors de l'attentat en 2015), de Latifa Ibn Ziaten (mère d'une victime de Mohammed Merah) ou encore de résistants. Il est utile de pérenniser ce type d'actions car ces récits, témoignages d'expériences vécues, sont souvent davantage entendus et souvent plus légitimés qu'un discours institutionnel.

Elle peut également se faire en accordant davantage de place à l'Enseignement Moral et Civique (EMC) et inaugurer ces cours par la lecture et un échange autour de la Charte de laïcité [1].

Par ailleurs, afin d'établir un dispositif de suivi des atteintes aux valeurs de la République et des radicalisations plus vertical, il est indispensable de désigner et d'améliorer l'identification du « référent Valeurs de la République » au sein de l'Éducation nationale. En effet, ce dernier ne semble pas suffisamment connu de tous (enseignants, personnels intervenant dans les établissements scolaires, éducateurs, etc.). Chargé de l'organisation et de l'harmonisation des actions en la matière, il procède à un diagnostic local, joue un rôle d'interface et facilite le travail de la cellule de suivi et des acteurs locaux. Il sera bienvenu que cette figure gagne en visibilité au niveau de chaque rectorat, afin de fluidifier les informations et la potentielle détection de situations à risque.

Le monde du sport n'échappe pas lui non plus au phénomène de radicalisation en son sein. En effet, la grande majorité des auteurs d'attentats terroristes commis sur le sol français ces dernières années appartenaient à un club de sport ou pratiquait une activité physique et sportive au sein d'entités sportives. Bien que le sport ne puisse être caractérisé comme un facteur de radicalisation en soi, il peut néanmoins offrir un espace de regroupement pour des individus radicalisés. On peut d'ailleurs observer une communautarisation de certains clubs de sport depuis quelques années, où se présentent des phénomènes tels que le port de signes ou

1. Note La laïcité à travers le regard des 15-25 ans. 72 interviews, 11 recommandations, de L'école Marianne.

tenue manifestant une appartenance religieuse ou encore la pratique d'actes de prosélytisme. Sans oublier le fait que la pratique de sports tels que la lutte, les sports de combat ou tout simplement la musculation peut renforcer la dangerosité de certains individus.

Le morcellement du milieu sportif n'aide pas à la lutte contre le phénomène : sport scolaire, universitaire, associatif, en entreprise ou encore militaire, chacun dispose de sa propre autorité et de son règlement interne, ce qui conduit à l'absence de mise en place d'une politique globale de prévention de la radicalisation. Cette absence de notion de délégation de service public, hormis partiellement pour l'organisation des compétitions sportives, le recrutement des sportifs de haut niveau et des équipes de France, empêche la mise en place d'une politique publique uniforme en matière sportive, rempart contre les dérives.

Troisième lieu souvent pointé du doigt lorsque l'on évoque les phénomènes de radicalisations violentes : la prison cristallise une partie du débat. En effet, le milieu carcéral est parfois présenté comme un incubateur de radicalité. Il ressort des auditions menées dans le cadre du rapport que, contrairement à cette idée reçue, la prison ne présente que la particularité de concentrer un public vulnérable et plus perméable aux idées radicales.

Cette particularité a poussé l'Administration pénitentiaire à s'adapter et renforcer ses moyens pour prendre en charge ce type de public et encourager le désengagement de l'idéologie violente, afin de favoriser la réinsertion des individus poursuivis pour des infractions à caractère terroriste ou présentant des profils radicalisés.

Dans ce souci de réinsertion et afin de favoriser l'adhésion des personnes détenues, il semble tout d'abord indispensable d'encourager et maintenir leur accès à l'enseignement, à la formation, ainsi qu'au travail, leviers centraux d'un projet de réinsertion pérenne et efficace.

De manière plus générale, l'accompagnement efficace des personnes placées sous main de justice (PPSMJ) dans le désengagement (tant en milieu fermé qu'en milieu ouvert) passe également et de manière indéniable par la mise en place d'un contre-discours fort. En ce sens, bien que ce recours soit peu usité en France, la mobilisation de “Grands témoins” peut s'avérer très efficace. En effet, il peut s'agir de personnes ayant renoncé à l'idéologie radicale ou de familles d'auteurs ou de victimes, dont le témoignage permettrait de recréer de l'empathie et d'initier un travail sur les émotions. Une fois encore, la transmission d'un discours qui ne soit pas institutionnel aurait le mérite de susciter moins de défiance chez un public qui à y a tendance. Ces témoins pourraient venir renforcer la palette d'intervenants possible, notamment dans le cadre des programmes de prévention de la radicalisation violente (PPRV) déjà mis en place par l'Administration pénitentiaire. Les programmes proposant des ateliers et expérimentations, dont les bilans se sont avérés positifs, pourraient d'ailleurs les voir rassemblés au sein d'une mallette pédagogique à destination des professionnels, sorte de catalogue des bonnes pratiques à l'échelle nationale.

Que les individus radicalisés soient placés en milieu fermé ou ouvert, il est indispensable que les mesures destinées à les réintégrer commencent dès le début de la peine. Il s'agit d'un travail qui doit s'inscrire dans le temps long et mobiliser un réseau partenarial solide et diversifié (travailleurs sociaux, entreprises, associations, etc.), afin que l'Administration pénitentiaire puisse faire face à l'enjeu majeur de cette prise en charge : la sortie de détention et la réinsertion dans la société.

Cette collaboration pourra notamment prendre la forme, en milieu ouvert, d'actions conjointes entre le Service pénitentiaire d'insertion et de probation (SPIP) et le milieu associatif, afin de mettre en place des actions inspirées des « Cercles de soutien et de responsabilité », mis en œuvre dans le cadre de la justice restaurative en France et au Canada pour les auteurs d'infractions sexuelles. Ces cercles permettent de recourir à des bénévoles, personnes ressources, pour contrer l'isolement social et réduire de ce fait le risque de récidive. Ou encore via le développement du recours au travail d'intérêt général (TIG) aux détenus de droit commun radicalisés (RAD ou ancien DCSR, selon l'appellation de l'Administration pénitentiaire), afin de permettre de développer leur sens du service public et de remettre un pied dans le monde cadrant du travail.

Le chemin de la lutte contre les radicalisations violentes est encore long et l'actualité récente nous le démontre. Il est temps, pour les pouvoirs publics ainsi que pour l'ensemble des acteurs de la société civile, d'affronter ce phénomène et de prendre leurs responsabilités, afin qu'une réponse ferme puisse y être apportée. La sécurité des citoyens et l'équilibre de notre démocratie impliquent la prise de conscience de chacun et une connaissance des mécanismes qui conduisent aux extrémismes. Des dispositifs existent déjà et sont parfois sous-exploités, d'autres gagneraient à être développés : les points de vulnérabilités de la société (milieu scolaire, sportif, carcéral) sont d'ores et déjà bien identifiés. Aussi, il nous appartient désormais d'agir ensemble, de façon coordonnée et de prévenir les dérives de certains de nos concitoyens.

15

La posture professionnelle à l'épreuve du discours anti-institutionnel : le paradoxe de l'alliance de travail en détention avec le public radicalisé

Carine LEMARCHAND
Psychologue clinicienne
Maison d'Arrêt de Fresnes

Confrontée de longue date à la délicate gestion du phénomène terroriste en détention, l'Administration pénitentiaire a été contrainte d'entamer une importante restructuration pour faire face au terrorisme islamiste, phénomène inédit du point de vue de son intensité et de sa propagation. Si les premiers dispositifs officiels voient le jour en 2015 (le Plan de Lutte Anti-Terrorisme) avec notamment les premières unités dédiées et la création de postes spécialisés sur la thématique (Binômes de Soutien : psychologues et éducateurs spécialisés), des initiatives locales avaient ouvert la voie à cette réflexion. Ce fut le cas par exemple au Centre Pénitentiaire de Fresnes où, dès 2014, Stéphane Scotto, alors chef d'établissement, prenait la décision de regrouper ce public, initiant ainsi la logique des unités dédiées. Assez critiqué à cette époque, il avait alors été confronté à ce dilemme : prendre le risque d'un regroupement favorisant un renforcement de l'idéologie radicale violente entre les détenus concernés ou prendre le risque d'une dispersion en détention classique favorisant un potentiel prosélytisme à une idéologie violente, ainsi qu'un élargissement du risque.

Du point de vue des personnes détenues, ces mesures ont pu être vécues de manière très injuste. Estimant être privées de leurs droits, ces personnes ont pour beaucoup réfuté le statut de dangerosité qui venait légitimer la logique institutionnelle, affirmant par exemple être parties en Syrie faire de l'humanitaire, ne pas avoir « de sang sur les mains » contrairement à d'autres détenus moins surveillés ou encore en argumentant sur le bien-fondé des actions de leur groupe terroriste (attentats perçus comme une réponse légitime aux frappes de la coalition). Dès lors, le mot d'ordre de cette protestation se formulait en entretien par l'affirmation « je ne suis pas un rat de laboratoire ! », en référence aux échos des médias sur l'expérimentation des regroupements en unité dédiée. Apparaissant aussi en tant que formule d'opposition au travail d'accompagnement proposé par les professionnels, une perception en clivage a pu s'instaurer entre un vécu de stigmatisation des musulmans, d'une part, et une perception des professionnels comme représentants de l'institution persécutrice, d'autre part. Ce sentiment victimaire, dont le sous-bassement anti-institutionnel préexistait bien souvent à l'incarcération, que ce soit du fait d'un parcours d'exclusion ou par appropriation de la propagande islamiste (idée véhiculée de stigmatisation des musulmans, impossibilité de vivre sa religion en paix en France…), constituait un motif fédérateur fort en détention.

Cette posture d'opposition a semblé s'estomper au fur et à mesure que se sont structuré ces dispositifs. Un cadre plus clair et plus lisible a en effet progressivement émergé, tout en normalisant les procédures par leur inscription toujours plus ancrée dans le cadre plus large des principes pénitentiaires fondamentaux, signe d'une meilleure intégration du phénomène : mise en place d'une logique de cas par cas (évaluation et différenciation du régime de détention selon les profils) et renforcement de la prise en charge (adaptée et différenciée selon les profils, renforcement de la pluridisciplinarité). Un parallèle peut d'ailleurs être établi en termes de reproduction des logiques et débats ayant mené aux transformations profondes de la pénitentiaire suite à la réforme Amor de 1945. À l'instar des réflexions concernant la gestion en détention des terroristes islamistes, la logique sécuritaire des lieux de punition avait laissé la place à celle des centres de traitement et de reclassement, plaçant l'amendement et le reclassement social du condamné au centre de la peine privative de liberté. De la même manière, l'accent porte aujourd'hui davantage sur une logique d'évaluation en faveur d'une prise en charge que sur la seule logique de réclusion sécuritaire pour protéger la société et/ou les codétenus d'un éventuel prosélytisme. C'est dans cet interstice qu'une intervention en termes d'appropriation du sens de la peine et des procédures peut être réfléchie, en lien avec l'élaboration d'une posture professionnelle réhabilitatrice de l'institution comme préalable à un effacement du clivage initial.

Dans ce cadre professionnel, une posture claire et l'instauration d'une relation fondée sur la transparence sont des prérequis incontournables face aux attaques du cadre mais se révèlent aussi bien souvent comme un facteur clé de l'adhésion à une alliance de travail avec ce public.

Étude de cas n°1 : Madame D

De retour d'un séjour de plusieurs années en zone irako-syrienne, Madame D. est incarcérée en Maison d'Arrêt pour Femmes sous un écrou d'association de malfaiteurs en vue de la préparation d'un acte terroriste (AMT). Très sensible à l'injustice et déjà très investie dans sa pratique de l'Islam, elle indique être partie afin de venir en aide au peuple syrien, par tous moyens, y compris le combat armé auquel elle n'a néanmoins pu se joindre de par sa condition féminine. Elle évoque un devoir moral d'agir, en lien avec une vision idéalisée d'un État islamique estimé intègre et conforme à ses préceptes religieux.

Le retour en France est mal vécu à cause de la séparation avec ses enfants, induite par son incarcération mais aussi du fait d'un sentiment d'incompatibilité religieuse avec ce pays. Elle affirme d'emblée vouloir demeurer « radicalisée », traduisant une attitude défensive face à une institution qu'elle perçoit initialement comme destinée à l'amener vers un conformisme anti-Islam. Elle se montre par ailleurs assez sensible vis-à-vis de toute situation qu'elle considère stigmatisante, elle a notamment réagi par la colère et les larmes lorsqu'elle a été sollicitée pour assister à un témoignage de victime du terrorisme (Latifa Ibn Ziaten, mère d'un militaire tué par Mohamed Merah) : « je n'ai jamais tué ou attaqué personne ! je ne vois pas pourquoi vous (l'institution) voulez que j'aille à cette intervention, je n'ai rien à voir avec ça ! ».

Les premiers entretiens sont alors dédiés à la démystification de l'institution et des missions des professionnels qui la reçoivent. La relation se tisse sur la base de l'établissement de définitions claires en vue de créer une compréhension partagée, comme socle de l'alliance de travail. Certaines clarifications ont ainsi pu apaiser Madame D., notamment concernant les procédures afin d'initier une réflexion sur le sens de son incarcération. Les axes de travail ont notamment porté sur la compréhension du motif de son incarcération, initialement contestée au motif de n'avoir personnellement porté atteinte à personne. Elle comprend alors que son adhésion et son soutien à l'EI peuvent être considérés comme un soutien implicite des actions de cette organisation et donc des attentats. De la même manière, la clarification du regard porté par l'institution sur le phénomène terroriste, à savoir la judiciarisation de la violence et non de l'opinion religieuse, lui permet progressivement d'identifier des bases et des valeurs communes. Rassurée, elle s'explique sur sa revendication initiale à se considérer comme « radicalisée ». Elle percevait en effet cette question comme synonyme d'injonction à « choisir son camp » concernant le conflit armé, celui de la coalition (dont les actions sont pour elles meurtrières au même titre que les attentats et qui représente une France perçue comme anti-Islam) ou celui de l'État islamique (représentant sa religion). Le statut revendiqué de « radicalisée » avait alors pour but de refuser une vision présupposée binaire et normative (bon camp/mauvais camp), elle-même se positionnant dans le rejet de la violence concernant les civils quel que soit le camp mais amalgamant dans cette question son appartenance à l'Islam. L'identification et la verbalisation d'une sorte de terrain d'entente, concernant le positionnement partagé en faveur de la non-violence, permettent ainsi de sortir de l'ambiance d'opposition initiale. L'ouverture à l'autre est favorisée dès lors qu'il est possible de se reconnaître en lui, par l'identification de points communs ou de valeurs communes.

Dès le premier entretien, une information claire lui est donnée sur le rôle évaluatif de la rencontre et sur les éventuels écrits pouvant être produits dans ce cadre, ainsi que leurs implications au niveau pénitentiaire et juridique. L'accent est porté sur la proposition de la placer au centre d'un dispositif, dont la valeur évaluative est présentée comme une opportunité expressive et compréhensive de son point de vue, en la sollicitant notamment sur la dimension introspective de sa trajectoire. Les préconisations de prise en charge qui en découlent favorisent ainsi l'adhésion de Madame D. dans la mesure où elle a activement et volontairement participé à leur identification. L'évaluation ne revêt plus dès lors sa représentation intrusive et externe.

Le suivi se poursuit dans cette dimension de co-construction de l'accompagnement, la confiance se renforce d'autant plus que la posture de transparence demeure fiable chez le professionnel : la transparence se mesurant aussi dans la capacité à confronter, sans complaisance. La confrontation est néanmoins toujours proposée dans une visée compréhensive et de non-jugement.

Sur du plus long terme, cette proposition de co-construction a pu favoriser de véritables initiatives de la part de Madame D., témoignant de son appropriation du cadre et de la démarche. Après avoir été initialement méfiante quant à l'aspect éventuellement stigmatisant des activités collectives proposées (Programmes de Prévention de la Radicalisation Violente), elle se montre aujourd'hui force de proposition pour en diversifier le contenu. Suite au visionnage d'un documentaire sur l'écologie, elle a ainsi choisi ce cadre pour adresser sa demande de mise en place d'un projet éco-citoyen au sein de la Maison d'Arrêt des Femmes (MAF). Il s'agirait de mettre en place une initiation à l'écologie, dans le cadre du programme de prise en charge collective, par des intervenants spécialisés pour ensuite établir un groupe de travail autonome sur la thématique (incluant les professionnels ainsi qu'un groupe de co-détenues intéressées) dans l'optique de formuler deux types de propositions à l'établissement : développer de meilleures pratiques organisationnelles internes concernant le traitement des déchets et développer des supports de sensibilisation aux gestes écologiques quotidiens à destination des personnes détenues.

Outre la dimension citoyenne qui témoigne de l'effacement du clivage initial (musulman/institution anti-Islam), un certain glissement de la problématique psychique impliquée dans son départ en Syrie peut être observé, celle-ci trouvant déjà son origine dans la dynamique familiale. L'analyse de son fonctionnement psychique au travers de son parcours avait en effet révélé une dynamique familiale porteuse d'injustices fondamentales et au sein de laquelle elle était désignée pour compenser les failles de la structure familiale. Le départ en Syrie revêt alors le double intérêt de fuir une dynamique familiale qui lui est délétère mais aussi de se confronter à un autre conflit dont les caractéristiques lui permettent de continuer à occuper son rôle de justicière (tentative maintenue de résolution psychique du conflit initial). Ayant été à cette période dans l'incapacité de mobiliser les ressources nécessaires à la résolution de ce conflit psychique de loyauté familiale par la symbolisation, M. D. a eu recours à une projection de cette problématique sur une situation réelle (injustices en Syrie). La revendication sur l'identité musulmane « radicalisée » peut dans ce cadre se comprendre comme une revendication initiale à remettre du cadre moral à toutes ces injustices. L'intérêt révélé pour l'écologie est en effet décrit sous les caractéristiques communes de cause noble, d'équilibre à rétablir, de devoir moral d'agir... Un transfert semble ainsi potentiellement s'opérer de la cause djihadiste à la cause écologique grâce à leurs caractéristiques communes quant aux besoins qu'ils comblent chez l'intéressée. Il est ainsi possible qu'une posture qui ne cherche pas à corriger mais à accompagner les processus impliqués dans la radicalisation, vers une voie légale et constructive, favorise alors l'émergence créative d'autres solutions psychiques.

Le cas de Madame D. s'inscrit dans une temporalité pré-sentencielle, impliquant la nécessité d'un travail préalable autour de ses représentations et inquiétudes impactant son vécu de l'incarcération et de l'accompagnement proposé. La temporalité carcérale dans laquelle se trouvent les personnes détenues impacte néanmoins fortement leur disponibilité psychique et leurs projections, impliquant un ajustement du professionnel et des axes de travail. Une personne détenue prévenue aura par exemple tendance à minimiser l'implication dans les faits reprochés dans l'espoir d'une peine plus clémente. Son regard et ses projections se dirigent en arrière, vers une mise en liberté et un retour à la vie antérieure et/ou porte sur la perte (sociale/matérielle/de statut…) que lui impose l'incarcération. Tant que la peine n'est pas prononcée, l'incertitude quant au temps à passer en détention, porteuse d'angoisse, embolise les projections futures en détention comme à l'issue de la peine. Les personnes détenues condamnées, libérées de ces interrogations, sont au contraire davantage disponibles quant aux sollicitations sur l'élaboration d'un parcours d'exécution de peine ou encore concernant les procédures d'aménagement de peine. L'enjeu de la prise en charge se recentre alors sur la préparation de la sortie dans sa dimension de réhabilitation dans un plan de vie à la fois investi et amendé.

Dans un cas comme dans l'autre, il demeure important de comprendre le processus de radicalisation, propre à chaque personne car inhérent à des besoins psychiques singuliers. Vouloir corriger une trajectoire revient à nier ces besoins psychiques et risque d'en renforcer l'expression. Accompagner vers la compréhension, la symbolisation et la transformation reviennent en revanche à avancer vers une forme d'accomplissement et d'épanouissement, sentiments plus éloignés des choix de vie en faveur de la violence ou de la rupture.

Étude de cas n°2 : Monsieur N.

Monsieur N. est condamné à une peine de 6 ans d'emprisonnement pour participation à une association de malfaiteurs en vue de la préparation d'un acte terroriste ainsi qu'à six mois pour violence sur une personne dépositaire de l'autorité publique. Il a été arrêté alors qu'il tentait de rejoindre la Syrie, en possession de matériel destiné à la lutte armée. S'il a initialement formellement contesté les faits pour lesquels il a été condamné, affirmant avoir entrepris ce voyage pour des raisons humanitaires sans aucun dessein guerrier, il a, une fois condamné, pu reconnaître s'être laissé influencé par ses connaissances sur zone, notamment sur l'argument de solidarité entre musulmans. Il maintient en revanche une posture de contestation de son incarcération, indiquant ne pas avoir été en mesure, à cette époque, de connaître le caractère illégal d'un départ sur zone.

Il décrit une conversion à l'Islam en lien avec son réseau amical, évoquant « un phénomène de mode dans la cité ». Il analyse un contexte et une période de vie tout à fait vide de sens, où l'Islam aurait alors pris toute la place, décrivant le bénéfice d'une sorte de paix intérieure. Son apprentissage de la religion s'est essentiellement construit sur internet, favorisant une rencontre sans contradiction avec l'idéologie radicale.

En détention, il se distingue par quelques incidents, notamment l'agression d'un personnel et le blocage d'une promenade. Célibataire sans enfant, ses liens avec l'extérieur se sont étiolés et il n'est plus à ce jour visité au parloir. Il s'est inscrit en Licence de LEA, parcours qu'il suit avec une assiduité partielle, de même concernant les diverses activités offertes par la détention (sport, activités socio-culturelles…). Il attribue son manque d'assiduité à des aléas organisationnels qu'il subirait de la part de l'institution alors que le retour de la détention à son égard fait état d'un manque de motivation et notamment d'une forte difficulté à se lever le matin, vérifiée lors des entretiens proposés (ne se présente pas le matin).

Le cadre des rencontres est bien accepté et est investi comme un espace d'expression d'une demande qu'il juge non entendue jusque-là. Il relate en effet une inquiétude quant à la question de sa réinsertion future, dénonçant les freins que l'institution créerait volontairement pour l'empêcher de réussir, en raison de sa religion. Il nous inscrit ainsi dans une demande paradoxale : représenter l'institution notamment dans sa mission de réinsertion en l'aidant et parallèlement nous en désavouer en reconnaissant la volonté de cette même institution de le faire échouer et donc valider sa non-responsabilité. Le parcours antérieur (et hors institution judiciaire) laisse apparaître une certaine précarité de son insertion, avec une mise en échec ancienne et répétitive qui laisse penser à un besoin de déplacer ses échecs personnels sur une cause externe afin de préserver une estime personnelle déjà fragile. Il rationalise d'ailleurs l'instabilité de son parcours professionnel, parsemé de petites expériences dans la vente et l'animation, comme un parcours non pas aléatoire (opportunités/marché du travail) mais stratégique et élaboré activement comme une première étape vers son projet final : la compréhension des phénomènes sociaux et l'atteinte d'un rôle influant dans la société, ces expériences offrant un terrain d'observation préparatoire grâce à leur caractère relationnel. Il décrit la perception d'une société rejetante, sur laquelle il tend à vouloir prendre le dessus en se présentant dans un projet ascendant d'observateur de la société et comme étant destiné à y prendre un rôle important. Les motivations à se donner les moyens de son ambition apparaissent ambivalentes, ces affirmations semblant se restreindre à un rôle fantasmatique et réparateur. Le départ sur zone semble par ailleurs avoir répondu à ce désir d'un statut social valorisant.

Ce procédé défensif visant à s'affirmer victime de stigmatisation pour faire écran aux défaillances personnelles apparaît déjà très communément observé chez les personnes détenues de droit commun, relativement à des parcours de vie déjà trop dépréciatifs du point de vue de l'estime de soi pour pouvoir aisément accéder à une remise en cause personnelle qui appuierait encore ces failles. Cette même dimension victimaire semble constituer chez le public radicalisé une brèche à une idéologie qui surenchérit sur cet argumentaire de stigmatisation et le sublime par le recours à la figure du pur ou de l'élu.

Répondre à sa demande telle quelle équivaudrait ainsi à soutenir une dynamique qui jusqu'ici l'a conduit à la mise en échec de ses projets. Seul le statut de terroriste revêt avec ambivalence le bénéfice secondaire du statut important auquel il aspire, ce qu'il reconnaît à demi-mot. Pour autant, une confrontation directe à sa part de responsabilité dans cette dynamique serait contre-productive du point de vue de la relation de confiance, d'autant qu'il pourrait refuser cet accompagnement en le relayant au rang de l'institution stigmatisante.

La qualité de la relation est jugée par bien des auteurs comme une condition favorable à l'émergence du changement, ce critère étant même souvent considéré comme plus important que la méthode utilisée. Carl Rogers, psychologue humaniste et fondateur de l'approche centrée sur la personne, a créé sa méthode en s'appuyant sur ses recherches sur les conditions facilitantes de la relation d'aide, qu'il résumait en trois attitudes : l'authenticité du professionnel, la considération positive inconditionnelle (non-jugement) et la compréhension empathique (comprendre au travers du cadre de référence de l'autre). Le savoir-être, qui s'apparente à la posture, est donc ici au moins autant impliqué que le savoir-faire. Ces attitudes impliquent d'accepter de comprendre la vision des choses du sujet à un moment donné, quelles qu'en soient la coloration ou les contradictions, simplement en la questionnant par des reflets, reformulations, synthèses… Le présupposé étant que se sentant accepté de manière inconditionnelle, le sujet allait pouvoir par lui-même résoudre ses contradictions et dessiner lui-même ses axes de changement : « l'individu possède en lui-même des ressources considérables pour se comprendre, se percevoir différemment, changer ses attitudes fondamentales et son comportement vis-à-vis de lui-même. Mais seul un climat bien définissable, fait d'attitudes psychologiques facilitatrices, peut lui permettre d'accéder à ses ressources ».

Le Good Lives Model, reconnu en criminologie pour le suivi des personnes placées sous main de justice, préconise d'ailleurs la posture humaniste comme base de l'intervention. L'hypothèse de départ présente l'infraction comme une façon inadaptée de répondre à des valeurs et besoins fondamentaux légitimes, l'individu ne disposant pas de ressources internes et externes suffisantes pour les combler par des moyens pro-sociaux. Le suivi consiste ainsi à développer ces ressources en faveur de l'accès à un certain épanouissement, sans nuire à autrui. L'accent porte sur les motivations internes, celles qui ont du sens pour l'individu, contrairement aux motivations externes liées à la crainte de la sanction. L'individu se voit ainsi sollicité et accompagné vers ses aspirations en faveur de l'élaboration d'une identité positive et cohérente ainsi que vers un plan de vie jalonné en étapes concrètes et réalistes vis-à-vis des objectifs fixés.

Dans cette optique, il a été proposé à Monsieur N. de réfléchir à identifier ses besoins et valeurs fondamentales, comme préalable à tout accompagnement vers sa réinsertion telle qu'il l'envisageait initialement (souhait d'une solution concrète offerte par l'institution, ces solutions étant déjà en partie mises en échec). La définition de l'alliance de travail sur cet axe a été acceptée et lui a permis de se sentir entendu dans sa demande d'aide, tout en évitant le renforcement de son ressenti victimaire vis-à-vis de l'institution. La question de la réinsertion professionnelle étant notamment au centre de ses préoccupations et cet axe de travail lui paraissant peut-être moins anxiogène à aborder que sa vie personnelle (sentiment d'échec et d'isolement sous-jacent), un travail sur les valeurs professionnelles lui a d'abord été proposé.

Il lui a ainsi été proposé de lister à l'aide d'un questionnaire tous les métiers qu'il apprécie puis de regrouper et catégoriser ces métiers entre eux afin d'en dégager des valeurs communes selon la méthodologie de l'Activation de Développement Vocationnel et Personnel. Ce travail vise à la clarification de soi (au travers des valeurs) et à l'élargissement du champ des possibles quant aux projections futures afin de soutenir une dynamique décisionnelle plus autonome (maturité vocationnelle). L'idée est de se décentrer de la logique de projection vers des métiers ciblés, cette façon de procéder étant limitée par la fréquente méconnaissance des métiers par le public mais aussi par les conditions intrinsèques aux métiers (marché de l'emploi, conditions d'accès, interdictions professionnelles liées au casier judiciaire…). Le travail sur les valeurs permet de se décentrer et de déceler les ingrédients nécessaires à son propre épanouissement professionnel et/ou personnel, pour ensuite se rendre compte que ces valeurs/ingrédients sont parfois transversaux à différents secteurs et métiers : ouverture du champ des possibles.

Le projet de sortie, et notamment professionnel, est souvent investi par les personnes détenues comme une obligation ou une condition sine qua non de sortie en aménagement de peine, ce qui entrave parfois la réflexion sur le sens et la fonction psychologique du travail. La réinsertion professionnelle demeure néanmoins l'un des facteurs majeurs de la lutte contre la récidive. Si le lien entre insertion professionnelle et désistance est démontré d'un point de vue statistique, celui-ci n'est pas automatique et les processus qui le sous-tendent ont certainement à voir avec le rapport au travail du sujet dans la singularité de sa dynamique psychique globale. Ce travail sur les valeurs permet ainsi de positionner Monsieur N. au centre de cette démarche, en le rendant acteur par le renforcement de sa capacité à mieux s'orienter et surtout à mettre du sens à son orientation.

Rassuré par la relation tissée, centrée sur ses aspirations et la mise en sens, un travail plus approfondi et introspectif sur son parcours de vie a pu être facilité par cet étayage sur la clarification de soi au travers de l'exploration des valeurs. Il définit ainsi sa trajectoire comme guidée initialement par des conditions de vie défavorables (absence de son père et mère accaparée par son travail) donnant lieu à une faible motivation de sa part et à de mauvais résultats scolaires qui ont déterminé le début d'une spirale d'échecs. Il identifie ainsi, en lien avec les valeurs dégagées dans le travail précédent, un besoin d'ascension au travers de son attrait pour le prestige. Le travail de mise en sens peut alors se poursuivre, notamment concernant les faits reprochés. Le discours initial autour du sentiment de rejet par la société et d'une vie vide de sens, trouve ainsi des réponses dans ce travail de mise en sens et de recherche du fil conducteur du parcours. La recherche d'une valorisation réparatrice et d'un sentiment de contrôle sur sa vie (implication dans un projet porteur de perspectives existentielles) est dorénavant consciemment identifiée comme besoins à combler par des moyens pro-sociaux.

En tant qu'outil de pensée, la posture professionnelle s'inscrit dans le maillage symbolique du genre professionnel et du collectif de travail et en partage les valeurs éthiques. Le professionnel ainsi enrichi et traversé par l'expérience collective de sa profession implique moins sa responsabilité individuelle et subjective et se montre plus « solide » face aux attaques du cadre. Être au clair sur sa propre posture favorise ainsi le maintien d'une démarche lisible et cohérente, même en évoluant dans un cadre d'exercice dont les contours sont en perpétuelle évolution.

16

Vers une compréhension renforcée de la radicalisation violente : proposition d'un Dispositif de Formation en secteur psychiatrique

Nora BELHAMRA
Cadre de santé et formatrice
Centre Psychothérapique de Nancy
CHRU de Nancy

Contexte et Enjeux

Le monde moderne a dû faire face, ces deux dernières décennies, à un phénomène relativement inédit : la montée de la radicalisation religieuse et son expression violente à travers le terrorisme. Si la radicalisation en soi est un concept ancien, le terrorisme, quant à lui, existe depuis longtemps, mais la dimension religieuse, notamment islamiste, et son impact sur les sociétés judéo-chrétiennes lui confèrent une nouvelle ampleur. Alors que le passage à l'acte violent reste une minorité extrême, la radicalisation islamiste a suscité un intérêt croissant ainsi que des préoccupations à l'échelle mondiale. Proportionnellement aux autres pays d'Europe, la France est le pays le plus touché en matière d'attentats et projets d'attentats terroristes djihadistes déjoués selon le rapport « Psychiatrie et radicalisation » [1]. Depuis son apparition, la question de la radicalisation et son idéologie violente suscite l'intérêt mais aussi l'embarras des politiques ; tantôt attribuée à une laïcité à la française qui n'aurait pas d'équivalent

1. Rapport du groupe de travail de la Fédération Française de Psychiatrie, janvier 2020, p. 7.

ou un passé colonial encore inscrit dans les esprits, elle sera également abordée sous le prisme de la psychiatrie et de la psychologie. À ce sujet, le sociologue Khosrokhavar (2019, p.39) rappelle que ce qui est perpétré en orient est sans commune mesure avec ce que vit l'occident et ajoute : *"Il existe une disproportion entre le danger réel et le danger subjectivé car les méfaits produits en orient sont transposés dans un registre national."*

La Pertinence d'un Dispositif de Formation

Face à cette réalité, la nécessité de mieux comprendre et de prévenir la radicalisation s'est imposée. Les professionnels de la santé mentale et du secteur socio-éducatif sont confrontés à des questionnements complexes quant à l'identification et à la prise en charge des individus radicalisés. Dans ce contexte, un dispositif de formation spécifique est apparu comme une réponse nécessaire. C'est au cours de plusieurs années d'exercice en tant que cadre de santé au sein de l'UHSA (unité d'hospitalisation spécialement aménagée) de Nancy que notre intérêt pour le phénomène de radicalisation a vu le jour. En effet, ce service accueille 40 patients condamnés ou prévenus souffrant de troubles psychiatriques. C'est au fur et à mesure des échanges et contacts avec ces patients que les premières interrogations sur le lien entre psychiatrie et religiosité, discours radical et délinquance, délire mystique et orthodoxie religieuse se sont posées. L'exercice infirmier dans ce secteur a été le lieu de questionnement professionnel individuel et parfois collectif ; en effet, les membres de l'équipe (infirmiers, psychologues, médecins, éducateurs) ont été confrontés à des comportements et des propos qui laissaient perplexe quant à l'attribution de ces derniers à la maladie mentale, à une situation de radicalisation ou tout simplement une attitude de provocation.

Partant de notre expérience et d'analyses approfondies de la littérature sur les situations concernées en tant que cadre de santé et formatrice, une proposition institutionnelle nous a conduit à engager une réflexion sur la mise en place d'un dispositif de sensibilisation aux phénomènes de radicalisation et de terrorisme. L'objectif de ce temps pédagogique visait à répondre à des questionnements de soignants rencontrés au quotidien au sein de notre établissement de santé. En effet, la radicalisation et le risque de passage à l'acte terroriste sont une préoccupation fréquente des professionnels de santé mentale : l'essentiel des interrogations porte sur : *le lien entre la maladie mentale et la radicalisation ; quand dépasse-t-on la limite de l'observance religieuse ? Doit-on s'alarmer de tout propos relatif à la religion ou de comportement propre à une pratique religieuse ? Comment peut-on identifier le risque de passage à l'acte ?* Autant de questions qui nécessitent d'aborder des notions très variées et qui pourraient éclairer les soignants dans leur exercice professionnel. Ce travail permettrait également de relever et déconstruire les idées reçues sur ce phénomène qui a été longtemps au centre de l'actualité et qui a généré des représentations parfois erronées.

Fort de ce constat, nous avons proposé la mise en place d'une formation à l'attention des professionnels du soin en psychiatrie et des professionnels des institutions socio-éducatives. Celle-ci vise à leur permettre de mieux comprendre la place de la maladie mentale et les ressorts psychologiques chez les sujets radicalisés. Ce temps de sensibilisation contribuerait aussi à apporter des pistes de réflexion pour identifier et accompagner les sujets qui présentent des signes de radicalisation.

Afin de mieux appréhender la compréhension des phénomènes de radicalisation, engagement et terrorisme, d'autres thématiques nous sont apparues indispensables à intégrer, à savoir :

- *Une partie conceptuelle visant à distinguer les différents vocables employés pour qualifier l'extrémisme religieux et les abus de langage qui génèrent souvent de la confusion dans leur compréhension et des idées reçues.*

- *Un rappel historique de la diversité des extrémismes et la spécificité de l'islamisme radical.*

- *Une sensibilisation à l'Islam à travers l'abord de quelques savoirs de base. Cela concernera notamment les principaux personnages déterminants qui ont marqué l'histoire de la religion musulmane, les Lois et principes qui définissent le corpus coranique et ses orientations juridiques, sociales et religieuses. Ces informations devront contribuer à rendre plus intelligible le discours d'un patient potentiellement radicalisé ou engagé ou tout simplement un patient musulman observant.*

L'apport de quelques clés d'analyse sur les plans géopolitique et historique est incontournable pour une compréhension plus globale de l'extrémisme islamiste. L'étude des mutations du monde musulman va permettre de resituer les individus dans l'espace géographique et les évènements ayant conduit à la radicalisation et à la constitution de groupes relevant d'une idéologie à caractère religieux et violent. La problématique des recruteurs et celle de la place de la propagande et des réseaux sociaux seront également traitées.

Enfin, il apparaît incontournable d'évoquer les facteurs favorables à l'émergence et au développement de la radicalisation mais aussi les abords psychologiques et psychiatriques du phénomène de conversion, de radicalisation et d'engagement ; y seront intégrés quelques éléments sur les théories du complot. L'abord de la notion de laïcité dans le monde mais surtout en France nous semble incontournable.

Plusieurs champs scientifiques convoqués

Communément, on distingue les individus "normaux" doués du libre arbitre, les délinquants qui commettent des actes délictueux et enfin les fous qui seraient habités par des pensées qui leur feraient commettre des actes répréhensibles et incompréhensibles. Or, l'individu est plus complexe encore et cette classification est simpliste et insuffisante. G. Bronner (2016) offre la possibilité de réfléchir à la pensée extrême qui habite certains sujets radicalisés et s'interroge "sur la façon de distinguer l'homme ordinaire d'un fanatique ?"

Ce qui inquiète le citoyen au premier plan et à fortiori les politiques et les forces de l'ordre, c'est la dangerosité du sujet radicalisé ; ceci est parfois le fruit d'une confusion entre tous les vocables propres à la notion de radicalisation et d'idéologie religieuse mais elle peut être générée par la façon dont les médias se sont emparés des attentats perpétrés ces dernières années. Ainsi la santé mentale sera sollicitée afin d'analyser et d'expliquer le cheminement du radicalisé vers le passage à l'acte violent et éventuellement attribuer une pathologie à des profils très variés ; cependant de nombreuses questions se posent concernant « la paternité », ou l'attribution de ce fait au social, au criminel ou au psychiatrique.

Cette expérience a montré que la radicalisation n'est pas une nouvelle pathologie mais plutôt un symptôme du malaise dans la civilisation, nous dit T. Lamote, tandis que C. Gransart (2019, p. 330), dans le même ouvrage, postule que "La radicalisation n'est pas un symptôme mais une réponse, une solution à une problématique, d'ordre psy, social ou intellectuel."

Des travaux de recherche publiés ces dernières années, notamment par des sociologues, légitiment l'approche « psy ». Même si le terroriste ou le radicalisé ne souffre pas de pathologie psychiatrique, les ressorts psychologiques de ces sujets intéressent le champ de la psychiatrie dès lors que l'on considère que lesdits sujets présentent une fragilité psychologique. Rappelons que l'adhésion à une idéologie relève de la normale. F. Benslama (2017, p. 28) postule que : "Adhérer à un système d'idée relève de la condition normale de la vie psychique et penser une humanité sans idéologie et sans croyance est impossible voire dangereux." L'idéologie radicale religieuse s'étudie sous divers angles : anthropologique, politique, religieux mais aussi psychologique et F. Khosrokhavar (20119, p. 40) affirme que " La radicalisation ne peut se réduire à une approche sécuritaire, il faut s'interroger sur les formes d'activisme et analyser les motivations qui sont souvent le fruit de sentiment de rejet et de formes sournoises d'exclusion".

Place de la psychopathologie dans les phénomènes de radicalisation et terrorisme

Les milieux sanitaires et éducatifs sont fréquemment en contact avec des sujets potentiellement radicalisés ou en voie de l'être : en ce qui concerne les soignants en santé mentale, en règle générale et en pédopsychiatrie en particulier, les sujets porteurs de discours à connotation religieuse peuvent inquiéter les soignants. En ce qui concerne les milieux éducatifs, la même question se pose. Quels éléments permettent de différencier un signe de radicalisation, d'engagement, un risque terroriste, d'un discours qui relèverait d'une observance religieuse ou d'une perturbation adolescente ?

Dans le domaine de la psychiatrie de l'enfant et de l'adolescent, les préoccupations des professionnels sont plus prégnantes sachant que l'adolescence est une période de troubles durant laquelle le sujet tente de rompre avec ce qui constituait son ancrage pour se créer une nouvelle affiliation.

C'est en 2016, lors du départ de nombreux jeunes en Syrie que des sociologues, politologues et psychiatres se sont intéressés à la place de la psychologie et de la psychiatrie dans les phénomènes de radicalisation et de djihadisme. Des auteurs [1] ont défini certains critères pour la radicalisation et distinguent 2 types de de troubles selon leurs effets sur le comportement et le rapport à la réalité du sujet à prendre en charge :

- Les troubles mentaux généralisés : schizophrénie, autisme, bipolarité pour lesquels les propos délirants sont teintés d'évènements du moment et donc réels mais qui présente une rupture avec cette réalité.

- Les troubles mentaux non généralisés : troubles de la personnalité, trouble anxieux, PTSD, troubles des conduites car ces troubles sont fréquemment en cause chez les sujets à risques.

À partir de cette classification, il s'agit de proposer une prise en charge symptomatique et une réhabilitation sociale face à des troubles généralisés et dans les autres situations un accompagnement plus varié de type psychosocial. Les auteurs s'accordent à dire que les sujets radicalisés, engagés, ayant commis des actes terroristes ou de retour de zone sont la plupart du temps des sujets jeunes chez lesquels la radicalisation aurait germé durant l'adolescence ou au sortir de cette période ; aussi on doit prendre en considération les moments clés du parcours de l'individu.

F. Benslama (2017) déplore que la plupart des travaux sur la radicalisation fassent l'impasse sur la dimension psychologique et psychopathologique excluant la dimension de l'inconscient. Il insiste sur une prise en compte de la fragilité du sujet et il définit la radicalisation comme un symptôme au-delà de son sens sémiologique et sécuritaire. Cet auteur a observé chez des jeunes, avant leur radicalisation, de l'auto-dépréciation, des douleurs existentielles et des signes de dépression qui sont fréquents dans le processus adolescent. C'est la rencontre avec le religieux qui va produire un désir d'élévation, qui va exalter les passions, lui promettant un statut de héros. En somme pas de pathologie particulière mais l'expression d'une fragilité fréquente chez les adolescents.

---

1. Rapport du groupe de travail de la fédération française de psychiatrie : « Psychiatrie et radicalisation », janvier 2020, p. 22.

Cette fragilité peut produire une possibilité d'emprise chez certains sujets ; il en existe peut-être d'autres.

La désaffiliation : une piste de travail insuffisamment investie

G. Monod (2018) emploie le terme de **réaffiliation** qui s'articulerait autour de pratique de remédiation cognitive. En effet, la médiation par la parole est un outil solide qui permet aux individus de supporter les frustrations et les tensions internes. Il propose les pistes classiques en santé mentale qui consistent à **dénouer** le symptôme plutôt qu'à réfuter leur thèse en particulier dans les situations où les ressorts psychiques sont francs.

Il met en garde au sujet des contre-attitudes qui mettent le soignant ou l'accompagnant social dans une position d'adversaire alors qu'à l'inverse il faudrait inviter le sujet à évoquer sa religion et sa vision du monde dans un climat de sécurité.

Conclusion

La radicalisation et le terrorisme qui est son versant violent sont des phénomènes anciens. Ils ont marqué la France ces 20 dernières années du fait d'attentats perpétrés sur le sol français et de la mise en image par les médias. Ces évènements dont on parle beaucoup demeurent très flous dans leur processus et dans leur origine. Ils ont fait l'objet d'études seulement depuis deux décennies et la recherche a encore assez peu de recul. Les sociologues sont les premiers à avoir exploré ces problèmes et l'abord a été dans un premier temps sécuritaire. La psychiatrie et la psychologie ont été invitées en l'absence de réponses claires. Or si le processus de radicalisation ne relève pas de la maladie mentale, de nombreux abords psychologiques méritent d'être étudiés.

L'anthropologie et les sciences du psychisme nous invitent à porter un regard sur les différentes formes d'extrémisme et leurs modalités d'expression. Ces deux champs scientifiques proposent des clés de compréhension au travers de l'histoire tout particulièrement en ce qui concerne l'islamisme. Ils avancent la place prépondérante du chaos qui a marqué le proche orient de la fin du 19e siècle. Ils apportent aussi un éclairage sur le contexte français postcolonial mais soulèvent aussi de nombreuses problématiques familiales. En somme, les phénomènes de radicalisation et de terrorisme en France sont multifactoriels et nécessitent des réponses sécuritaires, sociales et/ou psychologiques. L'expérience, courte il est vrai, ne nous permet pas des perspectives claires et le débat reste ouvert en ce qui concerne leur prévention et leur dépistage.

Cependant, nombreux sont ceux qui préconisent une sensibilisation au risque de radicalisation à partir des travaux de recherche existants.

Finalement, la radicalisation et le terrorisme nécessitent une approche multidisciplinaire et une compréhension approfondie. Si la recherche dans ce domaine est encore relativement récente, il est essentiel de sensibiliser les professionnels aux signaux précurseurs. Le dispositif de formation proposé vise à combler ce besoin en offrant des outils et des connaissances pour mieux comprendre, identifier et accompagner les individus susceptibles d'être radicalisés. Il s'agit également de leur permettre de reconnaître certains éléments annonciateurs cités ci-dessus et de mieux accueillir les sujets qui manifestent des signes qui les interpelleraient sans les alarmer ou les inquiéter. L'incertitude, le flou ou l'ignorance des situations de radicalisation génèrent parfois des peurs et des contre-attitudes qui ne rendent pas efficaces les évènements pourraient susciter plus d'intérêt voire des travaux de recherche qui enrichiraient l'état actuel des savoirs au profit de tous.

En contribuant ainsi à la prévention et à la prise en charge de ces phénomènes, il participe à renforcer la sécurité et le bien-être de la société dans son ensemble.

17

De la radicalité et ses vertus : qui pense radical ?

Jamel FEDDA
Chargé de mission Philosophie et Éthique
à l'École Nationale de la Protection judiciaire de la Jeunesse
Doctorant en Philosophie

Il s'agit de montrer par la médiation de la philosophie de Hegel et de Nietzsche, la nécessité de pouvoir penser le problème de la « radicalisation » et d'émettre la proposition philosophique d'être radicale dans le déploiement et les prétentions de la pensée pour aborder ce problème spécifique. Nous ne prétendrons pas fournir l'exégèse des philosophies de Hegel et Nietzsche au travers de ce propos mais simplement provoquer et inciter à une tentative réflexive et critique de la pensée du phénomène nommé. Élargir l'analyse du problème en respectant les multiples singularités qui s'y expriment, voilà l'impérieuse tâche qui nous est imposée !

La dialectique face à la pensée abstraite

Le sous-titre de cet article se veut un pastiche du fameux article de Hegel, datant de 1807, intitulé « Qui pense abstrait » à l'intérieur duquel l'auteur de *la Phénoménologie de l'Esprit*, explique que la pensée abstraite est bien plutôt l'attitude de l'homme inculte que de l'homme cultivé – sous-entendu du véritable penseur. La pensée abstraite est donc cette pensée qui prélève l'aspect le plus clinquant d'une chose, le plus visible d'un individu, le plus bruyant d'un évènement. Pour illustrer sa thèse, Hegel prendra l'exemple d'un meurtrier que l'on présente un jour ensoleillé à l'échafaud : une femme de la bonne société au milieu des badauds s'exclame alors qu'il est assez bel homme. La foule unanime s'effraie alors de cette remarque en s'écriant qu'il n'est pas possible de dire cela puisque cet homme-ci est un assassin et rien d'autre. Un prêtre même, vilipende la dame indigne en déplorant la corruption des mœurs qui règne dans la société – la haute société même !

Exemple burlesque ?

Hegel s'explique quelques lignes après : « *Pour qui connaît bien les hommes, il est important de suivre la formation de la mentalité du criminel ; son passé, son éducation, la mésentente entre son père et sa mère, la répression impitoyable d'une faute minime expliquent l'amertume de cet être humain envers l'ordre social. Sa première réaction contre cet ordre l'en a exclu et, dès lors, ne lui a plus permis de subsister que par le crime. Il y aura bien des gens pour dire en entendant ceci : "Il cherche à excuser un assassin !"* [1]. Qui pense abstrait donc pense de façon unilatérale par l'exclusion de tel ou tel aspect d'une chose, d'un individu ou d'un évènement. Cette pensée s'extirpe de la complexité en ne se déployant que sur une dimension de la réalité souvent la plus visible ou parfois la plus évidente.

À la lecture de cet extrait, il nous est sans doute permis de penser que l'auteur de *la Raison dans l'Histoire* aurait dit à peu près la même chose concernant un grand nombre de jeunes « radicalisés » ou en voie de…

Nous constatons aussi, de façon quelque peu irritante si l'on peut s'exprimer ainsi, l'usage de notions philosophiques dans les débats qui agitent les intellectuels d'aujourd'hui : pire même, des concepts sont isolés de leur terreau théorétique et sont agités comme des sentences pleines « d'autorité » qui n'expliquent rien si ce n'est qu'une infime partie de l'objet. Quel est donc cet objet ?

Il se nomme « radicalisation » et il entend exprimer, ou décrire *voire* même parfois « expliquer » un phénomène complexe, fait d'incarnations plurielles et de modes d'expressions multiples. Il y a, néanmoins, un consensus qui semble générer une certaine forme d'unanimité dans les débats : la « radicalisation » n'est pas un état dans son sens étymologique – manière d'être ou disposition invariante d'une personne – mais bien plutôt le déploiement d'un processus graduel et progressif où chaque position précédente de tel ou tel individu est dépassée par la suivante. Il y a processus car il y a accroissement ou intensification dans le cheminement de l'individu tant sur le plan du développement des idées que sur celui du corps de ce dernier. En terme hégélien, nous pourrions donc dire qu'il est dialectique. En effet, selon Hegel, la dialectique n'est pas le fruit d'une création mais elle est rigoureusement l'expression de la pensée et de la réalité. L'auteur de *la Phénoménologie de l'Esprit* ne crée pas ce concept mais il le découvre et le dévoile comme étant le procès infini du monde. Il ne s'agit donc pas d'apposer cette « méthode » sur un objet quelconque, mais de se faire l'interprète scrupuleux et le traducteur conséquent du processus dialectique à l'œuvre dans chaque

1. G.W.F. Hegel, *Qui Pense abstrait*, trad. Marie-Thérèse Bernon, 2021.

phénomène, chaque pensée. Rappelons-nous seulement que ce terme de dialectique implique le travail du négatif, de la contradiction ou de l'opposition, entendus comme passage nécessaire à un dépassement des fixations conceptuelles figées dans le processus réflexif et intellectuel, seule capable de parvenir à la vérité d'une idée ou à la pertinence d'un concept. Le processus dialectique se présente aussi comme l'expression même du développement logique de l'avènement du règne de la Raison dans et pour l'humanité, selon Hegel. Il est la marche de l'Histoire. La dialectique nous révèle ainsi que loin des abstractions stériles dans le procès de la connaissance, appliquées à tel ou tel phénomène comme les simples oppositions du type homme/dieu, être/néant ou plus spécifiquement radicalisation/déradicalisation, ne permettent pas d'embrasser et de dépasser des positions qui nie la vérité d'un processus plus complexe où la vérité ne peut d'advenir que dans un dépassement des contradictions et se déployer dans une expression plus élevée : cette vérité plus élevée, Hegel l'appelle le « saut qualitatif ». S'il y a donc nécessité de penser un phénomène tel que celui de la « radicalisation », il nous semble que pour poser un terme spécifiquement dialectique alors nous pouvons parler d'un « devenir » de la radicalisation : et s'il y a un devenir, nous devons alors penser poser aussi nécessairement (en son sens philosophique), un « venir » de la radicalisation.

Qu'entendons-nous par ce « venir » de la radicalisation ?

Les débats actuels ont largement développé leur réflexion de la problématique même si le terme même de radicalisation pose un certain nombre de difficultés qu'il ne nous semble pas utile de présenter ici. Cependant, il nous semble que si l'identification de ce phénomène reste encore à gagner en précision, c'est-à-dire à être capable d'englober la complexité de ce qui y est impliqué, les raisons que les intellectuels évoquent pour expliquer les motivations de tel ou tel individu à cheminer sur la trajectoire radicale se trouvent être d'une logique presque arithmétique, voire présentées de façon étonnamment linéaire pour reprendre les termes d'Anne Bory (2020). Ce ne sont pas ici seulement les raisons ainsi que les causes qui nous mobilisent au travers de cet écrit, mais bien les dispositions des intellectuels, des penseurs face à ce phénomène. Voilà qui questionnerait alors la philosophie sur ce que penser la radicalisation voudrait dire.

Nietzsche, le nihilisme et son dévoiement

Pour cela nous souhaiterions, très humblement, exposer quelques notions de la philosophie nietzschéenne afin de voir si l'auteur de *par-delà le bien et le mal* pourrait nous aider dans notre réflexion. Nous rappellerons simplement que Nietzsche a d'ores et déjà été « convoqué », malgré lui, par certains intellectuels notamment pour son concept de « nihilisme » qui malheureusement n'a jamais été d'une part, explicité véritablement et, d'autre part, sans doute plus grave encore, n'a jamais été totalement resitué au sein de la philosophie de Nietzsche.

Le nihilisme n'est pas le terme final de la fameuse « mort de dieu » - voire son climax – mais il se présente comme la manifestation d'un long processus de dégénérescence et d'affaiblissement des valeurs et idéaux d'une culture donnée. Ce processus s'exprime donc par la dévalorisation des valeurs dominantes d'un groupe, d'un peuple d'un état voire de l'humanité entière. Cette expression, et il faut le rappeler, n'est pas une invention de Nietzsche, est reprise par l'auteur de "*La Généalogie de la Morale*" à des auteurs tels que Paul Bourget, Jean-Paul Tourguenieff, Fedor Dostoïevski ou les anarchistes russes (Granier, 1982). Nous pouvons légitimement nous poser la question des valeurs et leurs fondements à l'aune de ce début de siècle inquiétant, perturbé et instable. Valeurs qui sont aussi soumises à une multitude de questionnements, de remise en cause voire, parfois, de rejet véhément et sans condition : « *Nihilisme* : le but fait défaut ; la réponse au « pourquoi » fait défaut : que signifie le nihilisme ? – *que les valeurs suprêmes se dévalorisent* [1] ». Le nihilisme selon Nietzsche est cependant constitué de deux formes spécifiques de réactions qui peuvent l'une ou l'autre prendre l'ascendant dans cette lutte impérieuse face à la perte des valeurs qui fondent nos types d'existences, et pour le dire autrement, nos manières de vivre.

La première figure du nihilisme que Nietzsche élabore au travers de sa philosophie, est le nihilisme passif : il s'exprime dans un déclin de la volonté de puissance, face à la vacuité et aux fondements fallacieux des normes et des valeurs dominantes. Les hommes prennent conscience que la réalité, le monde ne correspondent plus aux interprétations de la vie qui ont imposé ces soi-disant valeurs universelles. Ces mêmes valeurs sont alors considérées comme les responsables de l'épuisement généralisé des individus, comme le résultat d'une faiblesse de la volonté de puissance : « Nihilisme en tant que *déclin et régression de la puissance de l'esprit* : le **nihilisme passif** : en tant qu'un signe de faiblesse : la force de l'esprit peut être fatiguée, *épuisée* en sorte que les buts et les valeurs jusqu'alors prévalents sont désormais inappropriés, inadéquats et ne trouvent plus de croyance [2] ». Tant que l'on en reste à ce stade, c'est donc l'apathie généralisée, sans but ni raison, les individus ne trouvent pas la réponse à cette question « À quoi bon ? ». Cependant, immergé dans ce marasme existentiel, Nietzsche nous invite à envisager une autre figure possible du nihilisme : le nihilisme actif. Ce dernier est donc l'opposé du négatif car il se veut et s'affirme comme créateur. Ce n'est plus la faiblesse, ni le déclin qui caractérise ce nihilisme mais la joie, la gaieté d'esprit, le fameux « Oui » nietzschéen. Cette attitude assume alors pleinement les raisons et conséquences de la dévalorisation des valeurs, et elle proclame alors la nécessité de proposer de nouvelles interprétations de la vie, elle-même qui façonneront donc de nouveaux types d'existence, de nouvelles manières de vivre.

1. Friedrich Nietzsche, *Fragments posthumes*, XIII, 9 [35], Gallimard, Paris.
2. *Ibid.*

L'ultime résultat de l'entreprise du nihilisme actif, par l'affirmation de ces nouvelles interprétations, sera donc l'imposition de nouvelles valeurs. Nietzsche clame régulièrement au travers de ses ouvrages la nécessité vitale d'une telle entreprise par le terme de « transvaluation des valeurs » : « Nihilisme en tant que signe *de la puissance accrue de l'esprit* : en tant que **nihilisme actif**. Il peut être un signe de *force* : la force de l'esprit a pu s'accroître de telle sorte que les buts fixés *jusqu'alors* (convictions, articles de foi) ne sont plus à sa mesure [1] ».

Ce concept de nihilisme, comme on peut donc le constater, exprime une profonde complexité qui ne peut s'épuiser dans sa simple affirmation. Pris dans son sens plein et extensif, il semble nous poser plus de questions que d'apporter une explication suffisante concernant la problématique de la radicalisation. Et en effet, s'il nous faut alors assumer d'user de cette pensée de Nietzsche, il nous faut alors aussi assumer la posture qu'il réclame et en tirer alors des conséquences : de quel nihilisme peut-on alors parler concernant la problématique de la « radicalisation » ? S'agit-il de nihilisme passif ou de nihilisme actif ? Ce phénomène enfin, est-il l'expression d'une volonté totale de destruction ou d'une invraisemblable création ou de remise en question des valeurs ?

Nous ne réglerons pas ces questions au travers de ce texte, même si nous jugeons utile de poser ces questions et il nous semble aussi fondamental de s'attacher à interroger les termes, les définitions et de clarifier les mots afin de laisser le moins subsister de mauvaises interprétations ou des incompréhensions malheureuses.

D'ailleurs, méfions-nous des mots de notre période actuelle comme Nietzsche l'affirmait en son temps d'ailleurs : « *Les mots sont en travers de notre chemin* ! Chaque fois que les primitifs instituaient un mot, ils croyaient avoir fait une découverte. Comme la vérité était différente ! Ils avaient mis le doigt sur un problème et, au moment où ils avaient l'illusion de l'avoir *résolu*, ils avaient créé un obstacle à sa solution. À présent, dans toute connaissance, on ne peut éviter de buter sur des mots pérennes et durs comme pierre, et on se brisera plutôt la jambe qu'on ne brisera un mot [2] ».

La notion de valeur occupe chez Nietzsche une place centrale : elle est même cette idée qui se substituera à la notion de vérité. La pensée nietzschéenne est donc cette pensée qui place l'apparence au rang de ce qui mérite d'être considéré pleinement par le philosophe comme l'homme de science car la réalité n'exprime jamais aucune vérité au sens absolu du terme. L'histoire de la pensée nous démontre pourtant le rejet véhément et inconditionné de ce qui se présente comme faux ou comme changeant : Nietzsche dira d'ailleurs que cette attitude « morale » n'exprime qu'une condamnation de la vie, de la réalité et en un mot du devenir.

1. *Ibid.*

2. Friedrich Nietzsche, *Aurore*, Livre Premier § 47, trad. E. Blondel, O. Hansen-Love et T. Leydenbach, éd. GF Flammarion, Paris, 2012.

Mais ce qui caractérise bien plus grandement la philosophie de Nietzsche c'est cette radicalité qui s'y exprime : non pas radicalité seulement du style de l'auteur d'« *Ainsi parlait Zarathoustra"*, mais bien la véritable radicalité dans les questionnements et la méthode de réflexion qui ne semble ne s'être jamais exprimée chez les penseurs qui se réclament « de la philosophie » comme de « la science ». Penser radicalement va donc consister à déplacer le questionnement, à multiplier les points de vue, à user de probité en appliquant une lecture scrupuleuse du réel (Nietzsche parlera plus spécifiquement de philologie) et à s'affranchir des impensés moraux qui déterminent et orientent la réflexion du penseur. Penser radicalement insinue donc d'user de méthode : non pas les méthodes s'appuyant sur la logique que Nietzsche rejettera sans ménagement car simplificatrices et impropres à rendre compte de la complexité du réel, parce que le penseur doit impérieusement s'attacher à penser le réel pour pouvoir agir sur ce dernier et élever l'homme nouveau au rang d'esprit libre.

La généalogie comme lecture probe de la réalité

La spécificité de la philosophie nietzschéenne se trouve alors dans l'assemblage de méthode ou d'outils qui doivent permettre de lire les évènements qui apparaissent dans l'histoire : Nietzsche déplorera d'ailleurs un manque de sens historique chez les penseurs incapables de tenir compte de l'Histoire et de son processus. La généalogie se trouvera être une de ses techniques remarquables qui offrira au penseur véritable l'acuité et la perception nécessaire au dévoilement probe de la réalité. La généalogie consiste donc à apporter une méthode propre à libérer la pensée de ses errements. Elle permet de « lire » la réalité et d'y apposer une interprétation parmi d'autres interprétations possibles : elle assume donc de n'être qu'une interprétation. Elle écarte les fausses questions issues d'une prétendue origine d'un évènement ou d'une inclination douteuse du penseur ou de l'intellectuel pour engager son chemin vers l'idée de la possible provenance des choses. Elle libère la pensée en proposant une approche en perspective issue de la pluralité de la réalité. La généalogie est une auscultation, elle remue les endroits de l'Histoire, elle se méfie et interroge la continuité apparente des choses et des évènements, elle soulève les lourds rochers de la pensée simplificatrice afin de pouvoir observer les intentions et les inclinations des individus dans l'obscurité de l'Histoire. La généalogie rejette aussi et surtout le principe d'un fondement seul capable d'expliquer ou d'embrasser la totalité d'un phénomène, d'un évènement historique, parce qu'elle permet d'appréhender le problème de la vie et du devenir en ne forçant aucun problème et aucune dimension du réel à coïncider à un cadre de penser préétabli. Elle permet enfin et surtout d'éviter une des quatre grandes erreurs dénoncées dans *le Crépuscule des Idoles* par Nietzsche, la confusion rédhibitoire de la cause et de l'effet. Cette méthode ne cherche donc pas à expliciter les évènements en eux-mêmes c'est-à-dire les raisons, les déroulements, ou les conséquences mais ce qui préside ou ce qui a constitué le moteur même de tel ou tel évènement : ce sont donc les valeurs cachées, les inclinaisons inconscientes prises comme source ou motif de telle ou telle manifestation humaine dans l'Histoire.

Sans doute nous faut-il expliciter le pourquoi de ce qui précède ? Nous ne parlons pas ici de la radicalisation car elle nous semble constituer un objet accessible de prime abord mais occulte certainement des dimensions fondamentales du problème en exhibant malgré elle, ce qui s'agite de plus monumental. Il y a l'expression du phénomène et nous ne pouvons nier les effets dramatiques de son expression concrète : mais s'il s'agit de penser ce processus, et lorsque nous disons « penser » nous le disons « nietzschée-ament », alors il nous faut impérieusement « ausculter » les penseurs mêmes de ce phénomène.

Mais cette méthode doit permettre au penseur de dépasser le stade de la lutte zélée académique pour agir sur les choses comme sur le réel et si la pensée se doit d'être radicale c'est parce qu'elle tente de provoquer des actions décisives sur les causes profondes des choses. Nietzsche a toujours souhaité de ses vœux l'avènement de penseurs qui se sont trouvés et qui par la même se sont affranchis de ce qui les entrave et d'abord eux-mêmes. La généalogie repose enfin et surtout sur la probité du penseur, qui doit, s'il ne veut pas se fourvoyer lui-même certainement réaliser sa propre généalogie afin de parvenir à identifier qu'elles sont les forces, les faiblesses, les motivations inconscientes qui lui intiment de penser.

Pour ne pas conclure…

Nous souhaitons ouvrir cet article plutôt que de « fermer » le propos qu'il s'est autorisé – humblement- à partager. Précisons tout de même, que l'exercice, moins périlleux qu'il n'y parait, de convoquer Hegel et Nietzsche, les deux frères ennemis, sur un sujet tel que la « radicalisation » trouve son sens dans leur conception philosophique partagée sur le concept de « devenir » comme réalité de la vie et vie de la réalité. Du point de vue d'une lecture possible des phénomènes de « radicalisation », nous avons appelé à la possibilité d'une approche dialectique. Il nous semble fondamental de préciser ici que chez Hegel, le terme de dialectique ne trouve pas son épuisement dans une définition elle-même figée. La dialectique comme essence de la vie et la pensée, nécessite donc de n'être jamais perçu identiquement dans tel ou tel phénomène ou telle ou telle pensée. Il y a une dialectique pour chaque chose, chaque pensée, chaque évènement. La commodité voudrait donc que l'approche dialectique puisse s'apposer indifféremment sur chaque chose, mais de façon éclatante l'on a compris que chaque parcours de « radicalisé » n'exprime que son propre développement, ses propres moments dialectiques et ses propres dépassements. Sans doute reste-t-il possible de fixer des invariances qui se trouveraient comme des points de fixation ou comme des axes de convergence au travers des différentes trajectoires radicales qui s'approprieraient alors ce que l'on pourrait appeler une « offre » et son mode d'expression spécifique. Mais au-delà de tel ou tel parcours ou individu, le phénomène global est lui-même dans son propre processus de développement et donc dans son déploiement dialectique. Les individus changent de profils, de mode d'expression et de forme dans les passages à l'acte comme l'actualité nous le démontre régulièrement. Comme le rappelle encore Hegel, il s'agit aussi et surtout de garder en tête que « le résultat n'est rien sans son devenir » : le problème reste entier donc de parvenir à opérer à une véritable prévention du phénomène et que la « radicalisation » comme offre doit alors être prise comme une réponse à une expression qui cherche, irrépressiblement, à se manifester.

Il s'agit donc de conserver de l'humilité face à la recherche du savoir ou au développement de la connaissance face à ce type de problématique, mais aussi de façon générale, de s'imposer en tant qu'intellectuels, penseurs, chercheurs d'être attentifs à ce que Nietzsche appelle « l'hygiène de la pensée ». Cette hygiène suppose un ensemble de dispositions intellectuelles qui doivent permettre à celui ou celle qui entreprend le travail de la pensée, d'être aussi capable de penser contre soi-même. Penser contre soi cela veut dire inscrire et assigner ses pensées dans le corps qui les pense : tel mode de vie implique tel mode de pensée, c'est ce que Nietzsche appelle « des types d'existences ». Et nous le savons bien, nous sommes tous ancrés dans des types de vie très spécifiques mais en même temps largement globalisés. La probité, valeur chère à Nietzsche, est aussi cette capacité, cette inclination réflexe qui doit diriger le penseur à toujours se méfier de lui-même s'il ne veut pas être dupe des déterminations existentielles qui l'inclinent à penser de telle ou telle manière. Sans doute, la radicalisation n'apparaît point dans un contexte neutre, nous trouvons çà et là des exemples d'évènements et de manifestations d'une forme de radicalité : les exemples récents qu'ils soient politiques, sociaux ou sanitaires nous le montrent de façon éclatante. Il serait possible d'imaginer à l'instar de Nietzsche, qu'une nécessité particulière se fait sentir : sans doute, créer un nouveau langage, de nouveaux mots et non des concepts pauvrement explicatifs et surtout falsifiés inconsciemment ou non de leur logique philosophique. Rappelons-le, il faut lutter sans limite contre la radicalisation violente, mais sans doute comme dans le cas de la pensée, certainement user d'une nouvelle langue qui assume la radicalité des approches proposées sur le phénomène. Il s'agit aussi de se méfier d'une prétendue « performativité » du langage qui laisserait penser que le simple fait d'énoncer, de clamer ou de défendre des valeurs suffirait à les rendre effectives. Et en effet, Nietzsche nous rappelle sans cesse que les valeurs sont le fruit d'évaluations spécifiques qui apposent et imposent un type ou un mode de vie qui peuvent ou non, entraver l'expression de la volonté de puissance. Ce concept de volonté de puissance, enfin, est le pivot de toute la philosophie nietzschéenne : loin ici de départir les interprétations faussées d'un tel concept, elles sont légion, il s'agit simplement de montrer que dans la philosophie de Nietzsche, elle constitue le moteur de la vie et de la pensée. Pour le dire autrement, une valeur n'a de valeur qu'en rapport et dans la possibilité qu'elle offre à l'intensification de la volonté de puissance. Les valeurs sont donc le fruit d'une lutte incessante, Nietzsche en donnera une typologie claire qui mettra en scène deux types d'existants : les forces actives et les forces réactives. Ces forces peuvent être interprétées comme incarnées au travers d'individus imposants, suite à la lutte des valeurs, des types de vie ou des modes de vie spécifiques à un peuple, une nation à une époque donnée. Les forces actives créent en rejetant les valeurs dominantes (les idoles dont Nietzsche souhaitera briser les chevilles au marteau) qui ne rendent pas service au déploiement de la « volonté de puissance ». Les forces réactives sont celles qui luttent de même, en conservant des modes de vie qui nient et affaiblissent la volonté de puissance. Quelque chose en nous veut de la puissance, et nous recherchons inconsciemment à intensifier cette puissance comme vouloir d'exister et exister du vouloir. Elle est le critère d'évaluation des valeurs, et elle ne dépend pas de la simple volonté des individus ou d'une réflexion transparente à soi-même ou d'une prétendue « Raison », puisque nous ne pouvons, nous-mêmes, être en capacité de lire scrupuleusement ce qui nous meut, ce qui fait émerger en nous telle ou telle pensée et dans cette complexité abyssale, ce qui nous fait simplement « être ».

Postface

Actions, recherche et prévention de la radicalisation violente

Catherine BLATIER
Professeure Emérite de Psychologie
Chercheur au CERDAP2
Université Grenoble Alpes

Tout au long de cet ouvrage, nous nous sommes trouvés confrontés à la réalité complexe et dérangeante que constitue la radicalisation violente. Nous avons exploré les racines profondes de ce phénomène, décortiqué les mécanismes qui conduisent certains individus à embrasser des idéologies extrémistes et à choisir la voie de la violence.

Pour aller plus loin que les premières recherches effectuées à l'acmé du phénomène, lorsque les pays européens développaient une vigilance accrue, Sid Abdellaoui a rassemblé de nombreux chercheurs et praticiens afin de poursuivre l'effort de compréhension et de prévention.

La quête d'un statut, d'une identité et d'une cause à défendre peut jouer un rôle crucial dans le processus de radicalisation, notamment pour ceux qui se sentent marginalisés, exclus ou dévalorisés dans la société. Les groupes radicaux offrent souvent une identité forte et claire à leurs membres. Les personnes qui se sentent déracinées, aliénées ou en quête d'une identité peuvent être particulièrement réceptives à l'influence de groupes radicaux qui leur proposent une identité basée sur des croyances partagées. La radicalisation peut être motivée par le désir de défendre ce que l'individu perçoit comme une cause juste, qu'il s'agisse de motifs politiques, religieux ou idéologiques.

Les émotions peuvent être liées à des conflits identitaires et au sentiment de menace, sur le plan personnel, social ou collectif. Ce sentiment de menace peut intensifier les émotions négatives et accroître la vulnérabilité à la radicalisation. Les groupes radicaux exploitent souvent ces émotions pour recruter des individus vulnérables. Comprendre leur rôle dans le contexte du conflit identitaire et du sentiment de menace est crucial pour développer des stratégies de prévention. Cela peut impliquer la promotion du dialogue interculturel, le renforcement de la résilience émotionnelle, l'éducation à la diversité.

Cet ouvrage donne une place importante à ceux qui prennent en charge des mineurs et œuvrent pour les sortir de cet engrenage, dans des centres éducatifs ou pénitentiaires, eux qui s'efforcent de transmettre avec des valeurs républicaines l'envie de construire et de se développer positivement, de prendre sa place dans notre société.

La radicalisation violente est un problème qui ne peut être résolu par une approche simpliste. Elle demande une compréhension nuancée et une réponse coordonnée de la part de la société dans son ensemble. L'objectif de cet ouvrage aux multiples facettes n'était pas seulement d'analyser les causes et les conséquences de la radicalisation violente, mais aussi de jeter les bases pour des discussions constructives et des actions préventives.

L'une des conclusions incontournables est que la prévention de la radicalisation violente nécessite une approche multidimensionnelle, impliquant des actions tant au niveau individuel que collectif. Il est essentiel d'investir dans l'éducation, la compréhension interculturelle et la promotion des valeurs qui favorisent l'inclusion et la diversité.

C'est pourquoi un chapitre aborde la nécessaire formation à la détection des signaux précurseurs et annonciateurs de radicalisation, afin de différencier ce qui relève de la pathologie et ce qui dépend d'une certitude radicale et violente. Nous devons étudier de plus près la radicalisation pour mieux comprendre les difficultés de ceux qui s'y engagent et les accompagner sur des voies apaisées et positives.

L'intérêt d'un tel ouvrage est de mettre à disposition des praticiens des outils d'analyse des situations de radicalisation, mais aussi de susciter l'élaboration de méthodologies de détection et de prise en charge. Sans cette analyse théorico-clinique, il ne sera pas possible d'aller plus avant dans la lutte contre la radicalisation violente, sauf à laisser la place aux discours sans effets.

En refermant ce livre, nous sommes aussi appelés à réfléchir sur notre propre rôle en tant que membres de cette société complexe. Comment pouvons-nous contribuer à la prévention de la radicalisation violente ? Comment pouvons-nous favoriser la tolérance et le dialogue plutôt que la division ?

Que cette exploration des arcanes de la radicalisation violente serve de catalyseur pour des actions positives et des changements sociaux. Malgré les dictatures et les situations de conflit armé qui font autant de mal que la radicalisation violente, puissions-nous collectivement œuvrer dans un monde où le dialogue prévaudra sur la violence, et où la diversité sera célébrée plutôt que redoutée. Alors peut-être la personne sur le point de se radicaliser trouvera-t-elle une écoute qui lui permettra de retrouver une expression plus constructive. Cela commence à notre porte.

Bibliographie sélective

Abdellaoui, S. & Niang, A. (2022). The bias in judgement: when "naive" knowledge challenges expert knowledge in criminal trials, *The Journal of Forensic Practice*.

Abdellaoui, S. (2015). De l'émotion à la compréhension : Après les attentats du 7 janvier 2015, quelle attitude pour demain ? *Journal du Droit des Jeunes : revue d'action juridique et sociale*, n°299, 24-27.

Abdellaoui, S. (2016). Les radicalisations : les comprendre, en sortir, les enjeux. *Journal du Droit des Jeunes : revue d'action juridique et sociale*, n°351 et 352, janv. Févr.

Abdellaoui, S., Auzoult, L., Lourel, M., & Dubus, F. (2010). Pour une modélisation plurisectorielle du changement efficace et durable : trois exemples d'application concrète du modèle apprentissage–expérience–action(AEA). *Pratiques Psychologiques*, 16(2), 187-201.

Abid, L. (2017). L'école de médecine d'Alger : 150 d'histoire 1857-2017. Site : www.santemaghreb.com

Ageron, Ch. R. (2000). *Les Algériens musulmans et la France* 1871-1919 Tome 1. Maisons-Alfort:EDIF.

Al-Tabari, (2012). *Chroniques de Tabarî, histoire des Envoyés de Dieu et des Rois* (trad. de la version persane de Abou-Ali Lo'hammad Bel'ami), *Al Bustane*.

Altier, M. B., Thoroughgood, C. N., & Horgan, J. G. (2014). Turning away from terrorism: lessons from psychology, sciology, and criminology. *Journal of Peace Research*, 51(5), 647-661.

Amara Sofia (2018). *Baghdadi. Calife de la terreur*, Éditions Stock.

Arnold, M. B. (1960). Emotion and personality: Vol. *1 Psychological aspects*. New York: Columbia University Press.

Atran Scott (2016). *L'État islamique est une révolution*, Paris, Flammarion.

Atwan, Abdel Bari (2015). *Islamic state. The digital caliphate*, Oakland, University of California Press.

Belhourania, R. (2021). *Déshumanisation et risque de violence radicale : prise en charge psychologique et stratégies d'intervention pour les professionnels institutionnels confrontés aux usagers vulnérables* [Thèse de doctorat, Université de Nantes].

Benjelloun, Tahar, (2016). « Le Califat sauvage », *in* E. Fottorino (dir.), *Qui est Daesh ? Comprendre le nouveau terrorisme,* Paris, Ed. Philippe Rey, pp. 12-13.

Benraad, Myriam (2017). *L'État islamique pris aux mots*, Paris, Armand Colin.

Benslama, F. (2017). *Un furieux désir de sacrifice - le surmusulman.* Paris, France : Éditions du Seuil.

Bertrand, G. (2019). La Fabrique de la radicalité. Une sociologie des jeunes djihadistes français par Laurent Bonelli et Fabien Carrié. *Revue européenne des sciences sociales, 57(1),* 279-282.

Blévis, L. (2001). Les avatars de la citoyenneté en Algérie coloniale ou les paradoxes d'une catégorisation. *Droit et société, 48*, 557-581.

Bonelli, L. (2010*). La France a peur. Une histoire sociale de "l'insécurité".* Paris : La Découverte.

Bonelli, L., & Carrié, F. (2018*).* Radicalité engagée, radicalités révoltées : enquête sur les jeunes suivis par la Protection judiciaire de la jeunesse (PJJ*).* Dans Justice.gouv. *Maison Max Weber.* Université de Paris Ouest Nanterre.

Bory, A. (2020, 9 décembre). Ce qui mène les jeunes au djihadisme : une trajectoire loin des stéréotypes. Le Monde.

Branscombe, N. R., Schmitt, M. T., & Harvey, R. D. (1999). Perceiving pervasive discrimination among African Americans: Implications for group identification and well-being. *Journal of Personality and Social Psychology, 77*, 135-149.

Bronner, G. (2016). *La pensée extrême : Comment les hommes ordinaires deviennent des fanatiques.* Paris, France : Presses universitaires de France (PUF).

Brunet, L. (2015). Terrorisme, violence de masse et radicalisation. Du Moi idéal au désengagement identificatoire. *Le Carnet PSY, 191*, 48-51.

Cassin, B. (Dir.). (2014). *Derrière les grilles. Sortons du tout-évaluation.* Paris : Mille et une nuits.

Centre international pour la prévention de la criminalité. (2017). Prévention de la radicalisation menant à la violence. Une étude internationale sur les enjeux de l'intervention et des intervenants. Site : https://cipc-icpc.org

Cohen, Stanley (1972), *Folk devils and moral panics*, London: Mac Gibbon and Kee.

Costa, A ; Foucart, A ; Arnon, I ; Aparici, M ; Apesteguia, J (2014).''Piensa'' twice: On the foreign language effect in decision making. *Cognition 130*, 236–254.

Costa, A ; Foucart, A ; Hayakawa, S ; Aparici, M ; Apesteguia, J et al. (2014). Your Morals Depend on Language. *PLoS ONE 9(4)*

Crettiez, C. X., & Sèze, S. R. (2017). Saisir les mécanismes de la radicalisation violente : pour une analyse processuelle et biographique des engagements violents. Rapport de recherche pour la Mission de recherche Droit et Justice.

Crettiez, X. (2016). Penser la radicalisation : une sociologie processuelle des variables de l'engagement violent. *Revue française de science politique, 66*, 709-727.

Crettiez, X., & Duclos, N. (2021). *Violences politiques : Théories, formes, dynamiques*. Paris : Armand Colin.

Darrigrand, M. (2019). Trouver sa place dans la grande fresque du monde. Prévenir la radicalisation auprès des jeunes de 15-25 ans : guide à l'usage des équipes d'animation *[en ligne] SG-CIPDR*

Devos, T. (2005). Identité sociale et émotions intergroupes. *Les cahiers internationaux de psychologie sociale, 67*-68 (3), 85-100.

Domingo, B. (2021). Les collectivités territoriales dans la spirale du contre-terrorisme : émergence d'un nouvel espace d'intervention? *Hypothèses.*

Doosje, B., Loseman, A., & Van Den Bos, K. (2013). Determinants of Radicalization of Islamic Youth in the Netherlands: Personal Uncertainty, Perceived Injustice, and Perceived Group Threat. *Journal Of Social Issues, 69(3),* 586–604.

Dubet, F. (1987). *La galère, les jeunes en survie*. Paris :Gallimard.

Ducol, B. (2013). Les dimensions émotionnelles du terrorisme : Émotions, radicalisation violente et engagement terroriste. *Canadian Graduate Journal of Sociology and Criminology, 2(2)*, 89-101.

Ducol, B. (2015). Farhad Khosrokhavar, Radicalisation. *Lectures.*

Ducol, B. (2019). Prévenir la radicalisation violente : nouveaux habits d'une action publique à la française. *Les cahiers de la sécurité et de la justice, 46*, 9-19.

El bahar, R. (2019). *Biais terminologique et rupture épistémologique dans P. D, Galloro (dir.)*, *discours et parcours de radicalisation et de violence. Radicalisme(s), radicalisation(s), radicalité(s), violence(s)* (pp. 47-66). Paris : Éditions L'Harmattan, coll. « Logiques sociales »,

El Difraoui, A. (2016). *Le djihadisme*, Paris, PUF.

Fischer, A., & Roseman, I. (2007). Beat Them or Ban Them: The Characteristics and Social Functions of Anger and Contempt. *Journal of Personality and Social Psychology, 93*, 103–115.

Foucher, Michel (2016). « Une ambition territoriale », *in* E. Fottorino (dir.), *Qui est Daesh ? Comprendre le nouveau terrorisme,* Paris, Ed. Philippe Rey, pp. 25-27.

Fredrickson, B. L., & Roberts, T.-A. (1997). Théorie de l'objectivation : vers une compréhension des expériences vécues des femmes et des risques pour la santé mentale. *Psychologie des femmes trimestrielle, 21(2),* 173–206.

Frémeaux, J. (2008). Abd el-Kader, chef de guerre (1832-1847). *Revue historique des armées, 250*, 100-107.

Galloro, P. D.(2019). *Discours et parcours de radicalisation et de violence. Radicalisme(s), radicalisation(s), radicalité(s), violence(s)*. Paris: Éditions L'Harmattan, coll. « Logiques sociales ».

Gamson, W. A. (1992). *Talking Politics.* New York: Cambridge University Press.

Gill, P., Horgan, J., & Deckert, P. (2014). Bombing alone: tracing the motivations and antecedent behaviors of lone-actor terrorists. *Journal of Forensic Sciences, 59(2),* 425-435.

Glueck, S., & Glueck, E. (1950). *Unraveling Juvenile Delinquency*. Cambridge, Harvard University Press.

Granier, J. (1982). *Nietzsche* (coll. Que sais-je). Paris, France.

Gransart, C. (2019). *État de la radicalisation.* In F. Benslama (Ed.), Le genre humain. Seuil. Paris, France.

Guidere, Mathieu (2016). *L'État islamique en 100 questions*, Paris, Éditions Tallandier.

Guidere, Mathieu (2016). *Le retour du califat*, Paris, Gallimard.

Guignard, D. (2010). Conservatoire ou révolutionnaire ? Le sénatus-consulte de 1863 appliqué au régime foncier d'Algérie. *Revue d'histoire du XIXe siècle, 41*, 81-95.

Guillain, A., & Pry, R. (2012). D'un miroir l'autre. Fonction posturale et neurones miroirs. *Bulletin de psychologie, Numéro 518(2*), 115.

Harbi, M. (2005, mai). La guerre d'Algérie commence à Sétif. Site : https://www.monde-diplomatique.fr

Hayakawa, S ; Costa, A ; Foucart, A ; Keysar, B (2016). Using a Foreign Language Changes Our Choices. *Elsevier Ltd. Trends in cognitive sciences*, 2016, Vol.20 (11), p.791- 793.

Hecker, M. (2018). 137 nuances de terrorisme. Les djihadistes de France face à la justice, Études de l'IFRI, *Focus stratégique (79).*

Heerdink, M. W., van Kleef, G. A., Homan, A. C., & Fischer, A. H. (2013). On the social influence of emotions in groups: Interpersonal effects of anger and happiness on conformity versus deviance. *Journal of Personality and Social Psychology, 105(2),* 262–284.

Hegel, G.W.F. (2021). *Qui Pense abstrait* (M.-T. Bernon, Trad.).

Hogg, M. A., & Adelman, J. (2013). Uncertainty–identity theory: Extreme groups, radical behavior, and authoritarian leadership. Journal of Social Issues, 69(3), 436–454.

Hussein, Hasna (2016). « Le terreau salafiste commun du wahhabisme et de Daesh ». *Contre-discours radical*, https://cdradical.hypotheses.org/103, consulté le 28/03/2020.

Hussein, Hasna (2019). « Les apôtres du mal : Analyse des trajectoires et pensées des idéologues de Daesh » *in* Discours et parcours de radicalisation et de violence, P. Galloro, Paris, L'Harmattan, Logiques sociales (coll.), pp. 145-156.

Izard, C. E. (1977). *Human Emotions*. New York: Plenum.

Johnson, M. (2020). Trauma and Female Radicalization: A Comparative Analysis. *Journal of Trauma Studies, 18(2),* 89-105.

Jones, L. (2019). Women in Extremist Groups: Beyond the Stereotypes. *Journal of Conflict Studies, 34(4)*, 223-241.

Kahneman, D (2012). Système 1- Système 2 les deux vitesses de pensée.Paris :Édition Flammarion

Kay, A. C., & Eibach, R. P. (2013). Compensatory Control and Its Implications for Ideological Extremism. *Journal Of Social Issues, 69(3),* 564–585.

Kennedy, Hugh (2016). *Caliphate. The History of an idea*, New York, Basic Books.

Keysar, B ; Hayakawa, S ; An, SG (2012). The foreign-language effect: thinking in a foreign tongue reduces decision biases. *Psychol Sci 23*: 661–668.

Khosrokhavar, F. (2014). *Radicalisation.* Paris : éditions FMSH.

Khosrokhavar, F. (2019). *Radicalisation.* Paris, France : Édition de la Maison des Sciences de l'Homme.

Khosrokhavar, F., & Benslama, F. (2017). *Le jihadisme des femmes. Pourquoi ont-elles choisi Daech?* Paris : Seuil.

Khosrokhavar, F., & Ferret, J. (2017). *L'islam radical a une capacité à capter toutes les vulnérabilités sociales.* Site : https://theconversation.com/fr

Lacozza, S., Costa, A. & Duñabeitia, J.A. (2017). What do your eyes reveal about your foreign language? Reading emotional sentences in a native and foreign language. *PLoS ONE 12(10)*

Lazarus, R. S. (1966). *Psychological Stress and the Coping Process*. New York: McGraw-Hill

LeBlanc, M., & McDuff, P., & Tremblay, R. E. (1991). Types de famille, conditions de vie, fonctionnement du système familial et de mésadaptation sociale au cours de la latence et de l'adolescence dans les milieux défavorisés. *Santé Mentale au Québec, 16(1),* 45-75.

LeBlanc, M., & Ouimet, G. (1988). Système familial et conduite délinquante au cours de l'adolescence à Montréal en 1985. Santé Mentale au Québec, 13(2), 119-134.

LeBlanc, M., McDuff, P., & Kaspy, N. (1998). Family and preadolescence delinquency: A comprehensive sequential family control model. *Early child development and care, 142*, 63-91.

Lionel, C. (2021). Lutte contre la radicalisation des familles : la tentation sécuritaire du dispositif de protection de l'enfance. *Sciences et actions sociales, 16*, 213-240. [En ligne], http://journals.openedition.org/sas/647.

Luizard, Pierre-Jean (2015). *Le piège Daesh. L'État islamique ou le retour de l'Histoire,* Paris, La découverte, coll. « Cahiers libres ».

Maleckova, J. (2005). Impoverished terrorists: stereotype or reality? In T. Bjørgo (Ed.), Root causes of terrorism (pp. 33-43). London: Routledge.

Marchand, O., & Revoil, J.-P. (1981). Emploi et chômage: bilan fin 1980. *Économie et Statistique, 130(1)*, 23-44.

Martinez, C. (2018). Life Events and Female Radicalization: A Longitudinal Study. *Journal of Women's Studies, 15(2)*, 89-105.

Martinez-Gros, Gabriel (2019). *L'empire islamique. VIIe- XIe siècle*, Paris, Passés Composés.

Matsumoto, D., Frank, M. G., & Hwang, H. C. (2015). The Role of Intergroup Emotions in Political Violence. Current Directions in *Psychological Science, 24(5),* 369–373.

McCauley, C., & Moskalenko, S. (2008). Mechanisms of Political Radicalization: Pathways Toward Terrorism. *Terrorism and Political Violence, 20(3),* 415-433.

McMahon, J., Bora, C., & Chipea, F. (2010). The efficiency of a Rational Emotive and Behavioral Education program in diminishing dysfunctional thinking, behaviors and emotions in children. *Journal of Cognitive and Behavioral Psychotherapies, 10(2)*, 173–186.

Merton, R.-K. (1965). *Éléments de théorie et de méthode sociologique* (H. Mendras, Trad.). Paris :Plon.

Minner, F. (2019). Les émotions dans l'internalisation et l'émergence des normes sociales. *SociologieS*, Premiers textes.

Monod, G. (2018). *En prison, paroles de djihadistes*. Paris, France : Gallimard.

Monod, G. (2019). Évaluation des troubles psychiatriques des djihadistes et terroristes en milieu carcéral. *Le Genre humain, 61*, 291-294.

Mouline, (2016). *Le califat. Histoire politique de l'islam*, Paris, Flammarion, coll. « Champs ».

Muchielli, L. (2001). Monoparentalité, divorce et délinquance juvénile : une liaison empiriquement contestable. *Déviance et Société, 25*, 209-228.

N'Soumer, L. F. (2013). Lalla Fatma N'Soumer l'héroïne, Livre III, histoire depuis la conquête de l'Algérie jusqu'en 1871. Site : https://azititou.wordpress.com

Nguyen, T. (2019). Age Dynamics in Female Radicalization: A Comparative Study. *Ageing Studies Quarterly, 11(4)*, 212-230.

Nietzsche, F. (2012). *Aurore* (Livre Premier § 47, trad. E. Blondel, O. Hansen-Love et T. Leydenbach). Paris, France : GF Flammarion.

Nouschi, A. (2013). Chapitre cinquième - Le cantonnement et ses conséquences. Dans Enquête sur le niveau de vie des populations rurales constantinoises (p. 263276). Saint-Denis : Éditions Bouchène.

Quinney, R. (1974). *Critique of Legal Order: Crime Control in Capitalist Society*. Boston: Little, Brown.

Retchman, R. (2019). Entre terrorisme et crimes de masse, quelles correspondances ? *Le Genre humain, 2(61),* 37-46.

Rice, S. K. (2009). Emotions and terrorism research: A case for a social-psychological agenda. *Journal of Criminal Justice, 37(3),* 248-255.

Rimé, B. (2016). L'émergence des émotions dans les sciences psychologiques. L'Atelier du *Centre de recherches historiques, 16.*

Rinn, L. (1891). *Histoire de l'insurrection de 1871 en Algérie*. Librairie A. Jourdan. University of Minnesota.

Rizzolatti, G., & Sinigaglia, C. (2010). The functional role of the parieto-frontal mirror circuit: interpretations and misinterpretations. *Nature Reviews Neuroscience, 11(4),* 264-274.

Roché, S., Astor, S., Ivaldi, G., & Tournier, V. (2000). Enquête sur la délinquance auto-déclarée des jeunes: Rapport final [Survey on the self-reported juvenile delinquency]. Centre de recherche sur le politique, l'administration, la ville et le territoire (CERAT).

Roux, D. (2007). La résistance du consommateur : Proposition d'un cadre d'analyse. *Recherche et Applications en Marketing (French Edition), 22(4),* 59–80.

Rozin, P., Lowery, L., Imada, S., & Haidt, J. (1999). The moral-emotion triad hypothesis: A mapping between three moral emotions (contempt, anger, disgust) and three moral ethics (community, autonomy, divinity). *Journal of Personality and Social Psychology, 76*, 574- 586.

Sarg, R. (2014). *Incertitudes et croyances : approche sociologique des phénomènes d'adhésions et de réadhésions religieuses en prison* [Thèse de doctorat]. Paris 7.

Scott Atran (2011). *Talking to the Enemy: Violent Extremism, Sacred Values, and What it Means to Be Human*, Penguin, 558 p.

Scott Atran (2018). *Devoted actors in an age of rage: social sciences on the ISIS Front Line and elsewhere* in (en) Richard A. Burridge et Jonathan Sacks, *Confronting Religious Violence : A counternarrative*, Baylor University Press, 312 p

Seze, R. (2019). *Prévenir la violence djihadiste*. Paris : Seuil.

Sherman, l. W. (2003). Reason for emotion: reinventing justice with theories, innovations, and research—the american society of criminology 2002 presidential address*. *Criminology, 41*(1), 138.

Shnapper, D. (1981). *L'épreuve du chômage*. Paris : Gallimard.

Sieckelinck, S., & De Winter, M. (2015). Formers and Families: transitional journeys in and out extremisms in the UK, Denmark and The Netherlands. *The Hague: NCTV.*

Siegel, L. J. (2012). *Criminology* (11th ed.). Belmont, CA : Wadsworth.

Sikkens, E., Van San, M., Sieckelinck, S., & De Winter, M. (2017). Parental Influence on Radicalization and De-Radicalization. *Journal for Deradicalization, 12*, 192-226.

Silke, A. (2008). Holy warriors: exploring the psychological processes of Jihadi Radicalization. *European Journal of Criminology, 5(1),* 99-123.

Smith, J. (2017). Female Radicalization: Understanding the Drivers and Motivations. *Radicalization Review, 5(1),* 12-28.

Sommier, I., Crettiez, X., & Audigier, F. (2021). Introduction. In I. Sommier (Éd.), Violences politiques en France (pp. 7-25). Presses de Sciences Po.

Stürmer, S., & Simon, B. (2009). Pathways to Collective Protest: Calculation, Identification, or Emotion? A Critical Analysis of the Role of Group-Based Anger in Social Movement Participation. *Journal of Social Issues, 65(4),* 681–705.

Tanaka, M. (2020). Developmental Factors and Female Radicalization: A Longitudinal Analysis. *Journal of Youth Studies, 18(3),* 145-162.

Tcherkassof, A. (2016). Les théories perceptives de l'émotion en psychologie. *L'Atelier du Centre de recherches historiques, 16.*

Thénault, S. (2017). L'indigénat dans l'Empire français : Algérie/Cochinchine, une double matrice. *Monde(s)*, 12, 21-40.

Trip, S., Bora, C. H., Marian, M., Halmajan, A., & Drugas, M. I. (2019). Psychological Mechanisms Involved in Radicalization and Extremism. À Rational Emotive Behavioral Conceptualization. *Frontiers in Psychology, 10.*

Trip, S., McMahon, J., Bora, C., & Chipea, F. (2010). The efficiency of a Rational Emotive and Behavioral Education program in diminishing dysfunctional thinking, behaviors and emotions in children. *Journal of Cognitive and Behavioral Psychotherapies, 10(2)*, 173–186.

Trzesniewski, K. H., Donnellan, M. B., Moffitt, T. E., Robins, R. W., Poulton, R., & Caspi, A. (2006). Low self-esteem during adolescence predicts poor health, criminal behavior, and limited economic prospects during adulthood. *Developmental Psychology, 42(2)*, 381-390.

Van Hoorebeke, D. (2007). Contagion émotionnelle : facteur modérateur de créativité et de performance de groupe au travail ? Communication présentée à la 9e Université de printemps de l'IAS, mai 2007, Moscou, Russie.

Van Kleef, G. A., & Fischer, A. H. (2015). Emotional collectives: *How groups shape emotions and emotions shape groups*, (1), 3-19.

Van Stekelenburg, J. (2017). Radicalization and Violent Emotions. *Political Science & Politics, 50(04)*, 936-939.

Van Zomeren, M., Spears, R., Fischer, A. H., & Leach, C. W. (2004). Put Your Money Where Your Mouth Is! Explaining Collective Action Tendencies Through Group-Based Anger and Group Efficacy. *Journal of Personality and Social Psychology, 87(5),* 649–664.

Vernette, é., & flores, l. (2004). Communiquer avec les leaders d'opinion en marketing : comment et dans quels médias ? *Décisions marketing*, 35, 23–37.

Verrière, L., & Roland, O. (1957). *L'économie algérienne. Sa structure, son évolution de 1950 à 1955. Études et Conjoncture - Institut National de la Statistique et des Études Économiques, 12e Année (2*), 204-280. Presses universitaires de France

Voorhis, P. Von, Cullen, F., Mathers, R., & Garner, C. (1988). The impact of family structure and quality on delinquency: a comparative assessment of structural and functional factors. *Criminology, 26(2),* 235-261.

Wells, L., & Rankin, J. (1985). Broken homes and juvenile delinquency: an empirical review. *Criminal Justice Abstracts, 17(2),* 249-272.

Structures éditoriales du groupe L'Harmattan

L'Harmattan Italie
Via degli Artisti, 15
10124 Torino
harmattan.italia@gmail.com

L'Harmattan Hongrie
Kossuth l. u. 14-16.
1053 Budapest
harmattan@harmattan.hu

L'Harmattan Sénégal
10 VDN en face Mermoz
BP 45034 Dakar-Fann
senharmattan@gmail.com

L'Harmattan Cameroun
TSINGA/FECAFOOT
BP 11486 Yaoundé
inkoukam@gmail.com

L'Harmattan Burkina Faso
Achille Somé – tengnule@hotmail.fr

L'Harmattan Guinée
Almamya, rue KA 028 OKB Agency
BP 3470 Conakry
harmattanguinee@yahoo.fr

L'Harmattan RDC
185, avenue Nyangwe
Commune de Lingwala – Kinshasa
matangilamusadila@yahoo.fr

L'Harmattan Congo
219, avenue Nelson Mandela
BP 2874 Brazzaville
harmattan.congo@yahoo.fr

L'Harmattan Mali
ACI 2000 - Immeuble Mgr Jean Marie Cisse
Bureau 10
BP 145 Bamako-Mali
mali@harmattan.fr

L'Harmattan Togo
Djidjole – Lomé
Maison Amela
face EPP BATOME
ddamela@aol.com

L'Harmattan Côte d'Ivoire
Résidence Karl – Cité des Arts
Abidjan-Cocody
03 BP 1588 Abidjan
espace_harmattan.ci@hotmail.fr

Nos librairies en France

Librairie internationale
16, rue des Écoles
75005 Paris
librairie.internationale@harmattan.fr
01 40 46 79 11
www.librairieharmattan.com

Librairie des savoirs
21, rue des Écoles
75005 Paris
librairie.sh@harmattan.fr
01 46 34 13 71
www.librairieharmattansh.com

Librairie Le Lucernaire
53, rue Notre-Dame-des-Champs
75006 Paris
librairie@lucernaire.fr
01 42 22 67 13

www.ingramcontent.com/pod-product-compliance
Lightning Source LLC
LaVergne TN
LVHW021224061026
849535LV00008B/2903
9782336496030